U0122064

打造王牌

麒麟啤酒的爆品思维

［日］和田彻 著

刘杰 译

商品はつくるな 市場をつくれ
キリン「伝説のヒットメーカー」
商品づくり24の技法

中国科学技术出版社

·北 京·

北京市版权局著作权合同登记　图字：01-2023-2557。

图书在版编目（CIP）数据

打造王牌：麒麟啤酒的爆品思维 /（日）和田彻著；
刘杰译 . — 北京：中国科学技术出版社，2024.5
　ISBN 978-7-5236-0522-6

　Ⅰ . ①打… Ⅱ . ①和… ②刘… Ⅲ . ①畅销商品—产
品设计 Ⅳ . ① F76

中国国家版本馆 CIP 数据核字（2024）第 042635 号

策划编辑	王碧玉	责任编辑	孙倩倩
封面设计	潜龙大有	版式设计	蚂蚁设计
责任校对	焦　宁	责任印制	李晓霖

出　　版	中国科学技术出版社
发　　行	中国科学技术出版社有限公司发行部
地　　址	北京市海淀区中关村南大街 16 号
邮　　编	100081
发行电话	010-62173865
传　　真	010-62173081
网　　址	http://www.cspbooks.com.cn

开　　本	880mm×1230mm　1/32
字　　数	127 千字
印　　张	6.75
版　　次	2024 年 5 月第 1 版
印　　次	2024 年 5 月第 1 次印刷
印　　刷	北京盛通印刷股份有限公司
书　　号	ISBN 978-7-5236-0522-6 / F·1216
定　　价	69.00 元

东京春谷啤酒坊（Spring Valley Brewery Tokyo）（拍摄于2015年4月）

销售之初的春谷啤酒坊（Spring Valley Brewery）核心品牌系列
上一行：（左起）496、COPELAND、Afterdark
下一行：（左起）on the cloud、Daydream、JAZZBERRY

麒麟"淡丽"（生啤）（1998 年 2 月）

现在的"淡丽"系列产品

左图："淡丽绿标"

右图："淡丽"PLATINUM DOUBLE 双白金无嘌呤无糖啤酒

麒麟零酒精啤酒（2009 年 4 月）

麒麟"冰结"果汁预调鸡尾酒柠檬（左）、
西柚（右）（2001 年 7 月）

现在的"冰结"系列产品（一部分）

我从事产品开发已有三十余年。

我开发的产品有麒麟"淡丽"（生啤）、预调鸡尾酒"冰结"、全球首款不含酒精的啤酒麒麟零酒精啤酒，以及精酿啤酒的先驱春谷啤酒等。承蒙大家的关照，热销产品数量众多，累计销售额大约为 90000 亿日元。

在食品和饮料行业，成功开发一款畅销产品难如登天，上千款产品中能有三款畅销就已经实属不易，但是我接连开发了几大爆品，这几款产品有一个共同特点——开拓了很多人尚未想到的新市场，不跟风同类竞争产品，具有独创性。

本书讲述了如何开发出能够创造市场的产品，不管是业内新手还是经验丰富的行家，都可以从中受益，并且可以立即付诸实践。

我所提到的自己作为爆品开发者的业绩，可能听起来有点自夸之嫌，但是实际上我经历过漫长的"严冬时期"，并不是一帆风顺的。

从学生时代开始，我就梦想自己能够开发出惊艳世人、改变世界的产品。我对生产制造方面的工作情有独钟，因而选择加入了一家在理念上颇为吸引我的酿酒公司。

刚开始的四年，我被分配到销售部门，日复一日地穿梭于饭店和酒馆，直到深夜。尽管筋疲力尽，业绩却没有起色，每天被客户和上司训斥，我不止一次地想："这样的工作，还是辞了吧！"

然而，我无法放弃最初的梦想——"迟早有一天，我要开发出了不起的新产品""我要改变世界"。所以，我不断向当时的上司申请调动工作岗位，表达了我无论如何都想开发新产品的想法。

终于，我被正式调入了市场营销部门。然而，一开始我承担的工作不是开发新产品，而是礼盒搭配，主要工作是制作礼盒简介和价目表。可惜的是，由于频繁出现错别字，我不得不多次在价目表中夹入错误纠正单，出尽了洋相。最后，上司也束手无策，大约一年后，将我调离了这个岗位。

此后，我还承担过日本威士忌、波本威士忌的品牌营销工作，最后我才如愿以偿地承担了开发新产品的工作。

然而，我当时不管做什么事情，都像是在白费力气。每一项工作都没有顺利进行，即使我费尽心思开发的产品也很难销售出去。我曾经就是这样一个碌碌无为的员工，周围的人都觉得我不行。

爆品不断的契机

就是这样的我，却迎来了转机。曾经开发出"心田（Heartland）"和"一番榨"等啤酒品牌的前田仁先生被调到了我所在的部门，所以我突然有了和创造出众多畅销品的大师一起工作的机会。这已经让我激动不已了，但是通过和他共事，我还有更加惊人的收获。

在那之前，我一直期望实现新突破，在市场中逆势而为，开发一些抢人眼球的、名字悦耳的、听起来就觉得好喝的产品。然而，由于太专注于追求产品的完美和个性化，我一度未将自己代入顾客视角。

我当时负责的洋酒的累计销量最多也就能达到几十万瓶，顾客充其量不过几十万人。我当时想"只要懂它的人买就可以了"，也就是说，那时我是基于卖家视角来开发产品，根本没有想过应该如何做才能让顾客更加欣喜。

前田先生开发的啤酒至少有几千万人购买，如果是"一番榨"这样的精品，顾客数量则高达 1 亿人，其市场规模是我的几百倍。因此，我切身感受到此前自己视野的狭窄、想法的肤浅和稚嫩。其中，让我感触最深的是"要主动推动现在市场的发展，刷新市场，对市场进行改革"的思维方式和"创造性破坏"理念。前田先生对我说："不管是啤酒还是威士忌、清酒，都是一样的，要想在成熟和衰退的市场中生存下去，只能这样做。"

对此，刚开始我还半信半疑，但是当我听说几年前"一番榨"践行了这一理念并获得成功（这个故事后面再说），再加上前田先生调到麒麟啤酒后我们一起工作，时间长了，我开发产品的观念发生了 180 度的转变。从此，对我来说，开发产品最重要的是思考如何创造市场，继而创造更加美好的未来。要实现这个目标，就需要创造以前不存在的、富有创意的产品，而不是从现有产品上找思路。同时，要创造一个市场，就需要培育一款能长期畅销并支撑市场的产品，为此，我需要去彻底了解顾客的真实感受。不只看产品的外在美，还要洞察产品的内在美和顾客的心声。

本书的章节结构——产品开发的四大要素

本书分为四个部分，旨在向大家说明开发畅销产品的 24 个技巧。不仅会向大家分享"淡丽""冰结"等成功案例，还会毫不保留地给大家分析失败案例——卖不动的产品存在哪些问题？应该如何对待这些问题？同时，本书还展示了产品的策划草案手稿。

第 1 章　占据未来市场的中心

我会通过"淡丽""冰结""麒麟零酒精啤酒"的实例向大家解说"不要只想着竞争，要考虑未来"的理念。我以前接连推出的畅销产品中都贯穿了这一理念。要创造更好的产品，需要先构想未来，不要盲目地开发产品。在这一章中，请参考"冰结"的初期构想，思考自己创造的产品的未来吧！

第 2 章　养成抓住"偶然的灵感"的习惯

在这一章中，我会向大家介绍此前没有的、真正具有创新性的思维方式。

大家还将明白如何不被变化的表象迷惑，掌握创造市场的铁律。

不管是产品构想，还是思考如何实现构想，都需要具体的方法。是不是有很多人"总也想不到好方法"呢？我也不是想法不断的天才，正因为如此，我一直在思索如何才能让自己的想法比别人多，如何记录这些好想法。

第3章　写策划书打磨产品

大家是不是觉得"写策划书就是为了提出一些有吸引力的建议"？我并不这样想！我认为写策划书是为了打磨产品。灵感闪现而来的那些创意并不完善，也不可靠。要想打造经久不衰的产品，需要从各个角度进行审视。当你觉得"自己的产品概念和策划书拿不出手"的时候，不妨试试按照本书中的方法制作策划书。我会向大家展示我在构想"春谷啤酒坊"时撰写的策划书，以及我平时喜欢使用的一些工具，以帮助你开发出独一无二的产品。

第4章　保持纯度，催生化学反应

团队合作是产品成功的关键因素之一。仅靠一个人的力量，难以创造出能让顾客赞赏的产品，也难以重塑市场。在这一章中，我会介绍团队的运营方法以及如何有效发挥工作伙伴的才能，如何借助别人的力量创造出超乎想象和常识的产品等。我在逆境中开发"冰结"时，就是利用团队口号将团队成员凝聚在一起的。

另外，大家是不是曾有这样的经历？你好不容易想到一个好创意，做出了相应的策划方案，但是为了获得公司的批准，不得不进行修改。在这一章中，我会告诉大家获得公司批准的秘诀。

"春谷啤酒坊"让顾客和粉丝也参与进来，相互影响、相互推动，产生了意想不到的效果。"春谷啤酒坊"现在也仍然在持续发展。

本书中的所有方法，都是我在从一个平庸员工成长为"爆品制造者"的过程中，天天钻研和实践后总结出来的。这与是不是天资聪颖、是不是会工作等没有太大关系，重要的是看你在多大程度上期望"创造好产品"和"为顾客带去更美好的未来"。

我相信，不管是谁，迟早都能够创造出好产品、热销产品、长期畅销产品。不仅如此，大家都可以创造出更大的新市场。

那么接下来请和我一起，开始开发产品，创造更加美好的社会和未来吧！

目 录

养成抓住"偶然的灵感"的习惯

保持纯度，催生化学反应

结束语

第 1 章
占据未来市场的中心

本章向大家介绍我开发的所有畅销产品中都包含的想法——"不要只想着竞争，要考虑未来"，以及六大构想技巧。

CHAPTER 1

1. 开发产品是要创造市场

（1）不要盲目地开发产品

"什么是产品开发？"

"你开发产品的目的是什么？"

"对你来说，开发产品是一种什么样的工作？"

当突然问你这些问题的时候，你可能会无所适从。无法立刻回答上述问题是很正常的，这些问题是本书接下来要探讨的内容，所以现在回答不上来也没关系。

我再问一个问题。开发产品时，首先应该做的事到底是什么呢？

如果这样问还是不好问答，那我换一种问法，一般情况下大家会先考虑产品的什么呢？

大家可能会回答："先想出一些好点子和产品命名方案""确立产品概念""首先需要做产品定位，确定客户群，制定战略"……

确实，这些都是不可缺少的要素。但是，这些回答都忘了探讨一件事情，一件大部分情况下自始至终都会被忽视，但却是关键的事情。

开发更好的产品，开发经久不衰的长期畅销产品所需要的第一步是描绘未来，也就是去想象 10 年乃至 30 年以后的人们的理想生活。

也许有人会说："要想象那么遥远的未来吗？如果不迅速制订出具体的产品方案的话，我们就会错失明年春天的销售旺季呀！"

虽然描绘未来乍看起来是舍近求远、不务正业的行为，但是它却可以左右产品的命运。你不妨在一张白纸上仔细描绘一下几十年后的未来愿景，你会发现这是一项很愉快、很有意义的工作。描绘未来是我工作中最愉快的时刻之一。

（2）市场连接产品和未来

未来为什么重要呢？针对这个问题，我想从"怎样能够创造未来"这一点说起。

先说明一下，这里描绘的未来，是通过今后要开发的产品来实现的。市场的形成源于产品的推出，而这些产品又会引发人们生活方式的变化，从而塑造未来。

例如，大家想一想苹果手机，应该就会明白这个道理。苹果手机开拓了智能手机市场，改变了我们的生活方式。在苹果手机之前，手机的主流款式是翻盖式，但是当以苹果手机为代表的各类竞争产品横空出世后，就出现了智能手机这一新市场。这不单单是诞生了便利的工具，在工作方式、娱乐方式、消费行为甚至人际关系方面，我们的意识和行为方式都发生了巨大变化。因此，从这个意义上来说，苹果手机创造了崭新的"未来"。通过这个案例，大家应该能够理解未来是如何从产品中诞生的。我们创造的产品可以改变世界，这是不是很让人欢呼雀跃呢？

要想改变世界，首先需要想象并思考"未来"的终极愿景。这样做是因为未来是难以预测的。

（3）重塑市场，创造未来

如果未来是可以预测的，那么我们根据未来需求去生产产品即可。然而，周围环境变化莫测，预测未来变得非常困难，这一点想必大家也感同身受。

美国的科幻作家迈克尔·克莱顿（Michael Crichton）说过："只有人可以想象未来，并且只有人可以将想象变为现实。"被称为"个人计算机之父"的美国科学家艾伦·凯（Alan

Kay）说过："预测未来的最好方法，就是把它创造出来。"

知道这两个人的名言后，我不禁感慨："原来有人和我的想法一样！"这两句名言富含逆向思维，也就是说，如果时代变化迅猛，未来难以预测，那我们自己创造未来即可（图 1-1）。未来不是被预测出来的，而是被创造出来的！

图 1-1　开发产品意味着创造市场、创造未来

还有一点需要注意，能够创造未来的人，是那些思考未来的人。那么，怎么样才能做到这一点呢？在此，我介绍一下我在开发产品时秉承的"创造性破坏"理念。

这个理念是经济学家约瑟夫·熊彼特（Joseph Schumpeter）提出的，可能很多人也都有所耳闻。简单来说，就是"在没有变化的市场中争夺市场占有率，市场规模是不会变大的。破坏现有市场，创造更具发展前景的市场，这才具有建设性"。

现有市场既有基础，又有顾客，是"稳定的饭碗"，而新市场则难以预料，所以将现有市场改造为新市场是一个巨大的挑战。既然如此，为什么还要迎难而上呢？

很多现有市场一旦成熟后，就会走向衰落，几乎不会再继续成长。在这样的市场中，竞争只会变成消耗战，开发新产品或者翻新产品都不会有多大效果。即使短时间能够夺得市场份额，也会很快被抢夺回去。市场会持续缩小，销售额和利润也会不断减少。

企业一旦陷入混战，就容易忽视顾客的利益，所以我们内心不会快乐，也不会感受到幸福。公司本身和合作伙伴都会疲惫不堪，没有人会发自内心地感到幸福。

因此，我们需要转变思路，创建未来可期的"新市场"，也就是说需要有主动求变的思维（图 1-2）。这样一来，我们可以主动出击去创建新市场，掌握主导权，不脱离顾客，提出远见战略。

说起来简单，但是具体该如何思考呢？下面给大家介绍三个不同策略的案例。第一个是"一番榨"，第二个是"麒麟淡丽（生啤）"（以下简称"淡丽"），第三个是"麒麟冰结预调鸡尾酒"（以下简称"冰结"）。在此，简单说明一下它们的区别。

当朝着新市场发展的时候，支撑原来市场的"中心价值"

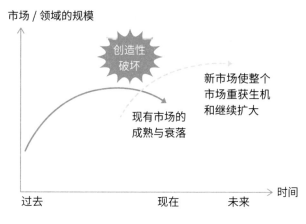

图 1-2　创造性破坏和市场重获生机（意象图）

会发生变化，并且最终被取代。所谓的中心价值，是指产品被选择的缘由、产品魅力、产品元素和用户画像等，这些是顾客决定选择或使用何种产品的主要影响因素。比如口味、性能、功能、情调，以及通过使用或拥有该产品而意图构建的用户画像等。

"一番榨"的目标是刷新普通啤酒中的旧元素、旧价值观等。同时，它也实现了公司招牌产品的更新换代和推陈出新。

"淡丽"系列的销售量累计达到 420 亿罐左右。"淡丽"系列的推出是为了对抗税率较高的啤酒，所以它努力将"好喝、便宜"这个合情合理的选择标准、积极和朝气蓬勃锐意进取的生活态度变成大家的"新常识"。"淡丽"在啤酒中开拓了一个崭新领域。

"冰结"则颠覆了大家对预调鸡尾酒的印象，这不仅重构了产品领域，还吸引了啤酒、红酒、烧酒和鸡尾酒等其他酒类产品进入该市场，引起了整个酒类市场的结构变化。最终，"冰结"系列的销售量累计超过 100 亿罐，成为热销产品。（销售量是从上市销售开始到 2020 年的销售业绩，均按 350 毫升 / 罐换算。数据来源麒麟株式公司。）

如上所述，虽以"创造性破坏"一言概之，但是对于不同产品和市场来说，其突破口以及构想、方案的策划方式千差万别。

（4）超越招牌产品，创造未来新常态

现在酒桌上的常客"一番榨"，当初就是在创造性破坏理念下开发的。

"一番榨"于 1990 年开始销售，它的风格与当时已有的"麒麟拉格啤酒"（以下简称"拉格"）"札幌黑标啤酒""朝日超干啤酒"截然不同。在"一番榨"还没推出之前，提起啤酒，人们就会联想到聚会喝酒的场景，大多数人咕咚咕咚大口喝啤酒是为了解乏。

而"一番榨"则不一样，它是一款让闲暇时光充满幸福感，使生活变得绚烂多彩的啤酒。是一款男女皆宜，能够引领 21 世纪全新生活方式和价值观的啤酒。它不仅入口清爽、顺滑，而

且麦香浓郁，还带有一点奢华感。作为一款贴近日常幸福时光的啤酒，"一番榨"描绘了一种崭新的"有酒相伴的充实生活"。

"一番榨"的定价与当时的招牌产品"拉格"相同。所以，大家议论纷纷，担心这会导致"一番榨"和"拉格"在市场上相互蚕食，产生销售业绩下滑以及公司内部资源分流的风险。

营销部门认为"一番榨"的成本高，可以把销售价格稍微调高一点，瞄准其他市场，对此，研发部门的领导提出抗议："这样的话，市场结构就永远不会有变化，啤酒市场就会落后于时代，会失去顾客，我们就无法成为未来时代变化的引领者。"就这样，在他劝说完营销部门的工作人员后，"一番榨"才得以上市销售。

如果要创造未来，应该关注的不是同行业竞争者或企业内部，而是新时代的顾客的生活方式的变化和价值观的变化。决胜的关键是，感知到这些变化，并且要看在多大程度上能够描绘未来的发展。

这样做才能够创造出超越现在招牌产品的"未来新常态"。

2. 前瞻性的构想设计——以"淡丽"和"麒麟零酒精啤酒"为例

（1）"麒麟零酒精啤酒"创造市场的构想

我们前面讲过，未来的发展难以预料，但是我们可以描绘未来，通过产品与市场去创造未来。当然，思考未来的时候不是胡乱猜测，还需要同时思考创造未来的手段。

要去描绘未来的理想状态和梦想，全方位思考将未来和梦想变为现实的方案以及行动计划。我将这称为"构想"。

下面我介绍一下我描绘未来、开发产品的经历。2006年发生了这样一件事情，一辆载着一家五口的车被一辆酒驾车追尾，三个孩子在车祸中不幸失去了生命。听到这个新闻后，我感到震惊和悲痛，希望未来不会再有因酒驾而引发的死亡事故。于是，我开始思考，要实现这样的未来，需要什么样的产品和市场。

我们需要创造的是不含酒精的酒类饮品。因为此前销售的所谓的无酒精的酒类饮品都含有微量酒精，其酒精含量在 1% 以下。因此，如果能开发出不含酒精的酒类饮品的话，是具有划时代意义的，对现有市场的破坏力也会不同凡响。

继而，全世界的酒类制造商必定会追随这款产品，接连不断地加入进来。"不含酒精"将成为市场上的常态，店铺里将会出现专门销售无酒精酒类饮品的柜台，继而可能会出现只销售无酒精酒类饮品的酒吧。

基于这个构想（妄想），我做了采访调查，结果顾客的反响出人预料，他们对啤酒制造商思考酒驾问题并付诸行动给予了肯定。

在这样的背景下，不含酒精的啤酒——"麒麟零酒精啤酒"诞生了。

最初的广告标语是"人与车共生""让所有餐饮店都有零酒精酒类饮品"（图 1-3）。

这些广告标语浓缩了我对未来的构想。虽然经过讨论之后，并没有将之公布于世，但是通过这些标语就可以立刻明白"这个产品会创造什么样的未来"。

正如自己所料，"麒麟零酒精啤酒"上市销售后，不含酒精的酒类饮品（包括其他公司的同类竞争产品）市场迅速扩大到全日本乃至全世界。市场规模扩大后，大家对酒驾问题的认识

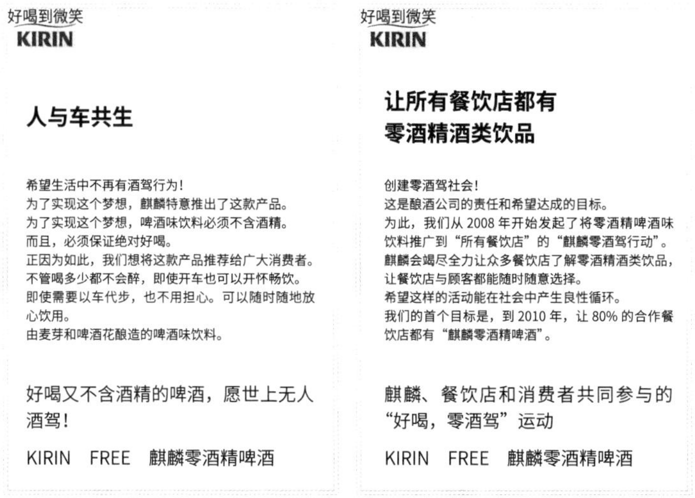

好喝到微笑
KIRIN

人与车共生

希望生活中不再有酒驾行为！
为了实现这个梦想，麒麟特意推出了这款产品。
为了实现这个梦想，啤酒味饮料必须不含酒精。
而且，必须保证绝对好喝。
正因为如此，我们想将这款产品推荐给广大消费者。
不管喝多少都不会醉，即使开车也可以开怀畅饮。
即使需要以车代步，也不用担心。可以随时随地放心饮用。
由麦芽和啤酒花酿造的啤酒味饮料。

好喝又不含酒精的啤酒，愿世上无人酒驾！

KIRIN FREE 麒麟零酒精啤酒

好喝到微笑
KIRIN

让所有餐饮店都有
零酒精酒类饮品

创建零酒驾社会！
这是酿酒公司的责任和希望达成的目标。
为此，我们从2008年开始发起了将零酒精啤酒味饮料推广到"所有餐饮店"的"麒麟零酒驾行动"。
麒麟会竭尽全力让众多餐饮店了解零酒精酒类饮品，让餐饮店与顾客都能随时随意选择。
希望这样的活动能在社会中产生良性循环。
我们的首个目标是，到2010年，让80%的合作餐饮店都有"麒麟零酒精啤酒"。

麒麟、餐饮店和消费者共同参与的"好喝，零酒驾"运动

KIRIN FREE 麒麟零酒精啤酒

图1-3 "麒麟零酒精啤酒"的广告宣传策划方案

也越发深刻。

产品开发通常被认为是一种赢利手段，是获得收益的源泉，是与竞争对手争夺市场份额的武器，但是现在大家对产品开发是不是有了不一样的认识呢？

越是好产品，越能创造美好的未来，并且必将给人们带来欢乐和幸福。

我们对市场的构想会影响未来，对于这一点，想必大家都已经理解。那么，在实际操作中，我们应该如何将构想变得具体呢？接下来，我们一起来研究构思一下。

（2）着眼于结构变化——"淡丽"啤酒的方案

市场是一个不断变化的动态概念。如果我们在产品畅销之后漠视市场的话，产品就很难一直火下去，我们最终会失去市场。

"淡丽"也是通过创造性破坏而成功开拓了市场。"淡丽"是麒麟首款发泡酒，当时的发泡酒市场规模小，所以被认为比啤酒的档次略低，但是"淡丽"使发泡酒市场迅速扩大，实现了反转。这个戏剧性的反转，就是产品开发时对将来的构想。

由于造酒的原材料不同，所以发泡酒的消费税要低于啤酒，价格能比啤酒便宜 30%，很有吸引力。不过，一分钱一分货，当时发泡酒的口感并不出众。

然而，"淡丽"作为发泡酒却与众不同，它使用和高端啤酒一样的主原料，发酵、成熟时间也和高端啤酒没有差别，不仅如此，"淡丽"还特意下大功夫，绝对保证口感。这使得"淡丽"极度热销。不仅味道好，名称、设计、广告也很气派，所以连喝啤酒的行家也给予了巨大支持。最终，发泡酒市场仅用了一两年时间就迅速扩大到原来的几十倍，规模不断壮大，发展势头甚至超过了啤酒。

包括原材料没有使用麦芽的啤酒在内的发泡酒市场现在几

乎占据整个啤酒市场份额的一半（图 1-4）。

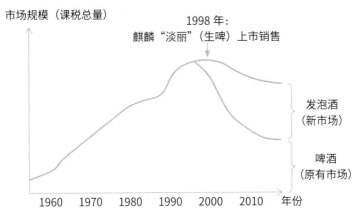

图 1-4　发泡酒行业的市场规模变化

资料来源：根据日本《国税厅酒类指南（2020 年 3 月）》中"7. 酒类课税总量的变化"绘制而成。

这不是"淡丽"侥幸火了才出现的局面，而是原本就制定好的发展路线，是按照产品开发团队描绘的方案（构想）发展而成的"未来"——"（我们）迟早会让发泡酒占据整个啤酒市场的半壁江山"。

如上所说，这都是在开发阶段设计好的。当然，第二弹、第三弹产品的上市销售计划等具体方案也在研发阶段就被纳入"构想"中了。

如何用几年乃至十几年时间，推动发泡酒市场的发展，形成新的市场常态，这都经过了产品开发团队的反复讨论。在产品开发取得一定程度的进展后，我曾出现了"口感无可挑剔，名称和设计也体面。然后，推向市场的时候再配上得体的广告，这样就差不多能成功了吧"的想法，这是因为我当时还没有摆脱"平庸员工"的思维。

但是，广告制作却遇到了很大难题。当时的创意总监宫田识先生丝毫没有推进广告制作工作，因为他觉得我们的策划书内容还不成熟。

"要开拓新市场，是吧？那么是以什么样的顾客为对象？顾客是怀着什么样的心情来消费？顾客的需求是什么？"

"用一个形容词来表述的话，是什么？"

"这个产品和市场存在的意义是什么？"

"你认真考虑过产品的社会使命吗？想要怎么改变社会？"

"纵观目前的日本，你思考过将来必须变成什么样吗？"

宫田识先生每天都毫不留情地、激烈地严加追问，让我思考。即便到了深夜也不让我们回去，直到他满意为止。由于广告的交付期临近，我颇感焦虑和担忧：他到底到什么时候才会给我们设计方案和宣传标语方面的建议呢？

当时我还不理解宫田先生让我深入考虑的事情，但是我现在就非常明白了！那就是，怎样制定新生市场的中心价值和目标（目的与存在意义），并向顾客保证能够将它变为现实。他是要告诉我，如果不考虑这些问题，就算推出新产品，也无法轻易创造新市场。

经过讨论，最终决定"淡丽"的社会使命是"用清爽的口感和亲民的价格，照亮日本"。当时经济持续萧条，整个日本暗淡无光，看不到希望，我们想把"淡丽"培育成能够体现"振兴日本""持续并广泛地支持各年龄段的成年人""不服输""缔造新常态"等清新内涵的品牌。这样一来，就没人会说"淡丽"的档次比啤酒低。我们已经想象到，"淡丽"将会创造一个巨大市场，它会毫不逊色地、非常体面地伫立于新时代的正中央。

"一番榨"在开发阶段也有类似经历，公司内部有人提出意见，比如"这样做有风险，公司招牌啤酒可能会遭受重大打击""没有必要在'一番榨'上花费和招牌产品一样高的广告费"。

要对市场进行变革，就会多多少少遇到抵抗和摩擦，我们需要做好心理准备。在彻底讨论的基础上构想未来市场，并说服工作单位内部的反对者，勇敢地去践行构想。这说起来容易，做起来却没那么简单。如果不克服这些问题，就很难创造未来。

3. 创造长期畅销产品的两个途径

（1）要做引领者，要做让其他品牌对抗的产品

能够创造市场的产品都有一个共同点，它们都是长期畅销的产品。因为要推动市场变革，需要这个产品在几年、几十年乃至更长时间内能够持续卖得动。那么，满足什么条件的产品能长期热销呢？这就要看这个产品是不是"典型"产品。

这里的"典型"，如果说成"原型"可能更容易理解。"淡丽""麒麟零酒精啤酒"被推出后，同行业的其他公司紧追其后，纷纷加入了这个市场。对抗"淡丽"的产品和追随"麒麟零酒精啤酒"的产品在市场上纷纷亮相。这样的发展流程符合我们当初的设想，作为推出新产品来创造市场的商家，这也是我们非常愿意看到的事情。因为如果仅仅推出一款新产品的话，是无法创造新市场的，只有自己公司和其他公司生产的相似产品、同类竞争产品多起来，才能产生新市场。只有受到顾客的

追捧，然后一直保持热度，在竞争和相互学习中扩大规模，才能让产品和市场长期存活。

想要创造长期畅销产品，首先需要让它成为未来市场中的典型产品。紧随其后的同类竞争产品会争先恐后地模仿典型产品，不断进行产品的细微差异化和改良。如此一来，同类竞争产品就进入了我们创造的市场平台。

前面也说过，我们要开发的长期畅销产品是现阶段"尚且不存在的产品"，所以找不到同类产品。正因为如此，如果自己不去构想的话，它是绝对不会出现的。

（2）不要总盯着同类竞争产品

摆脱了争夺市场份额的思维模式之后，还要干脆不看业内同类竞争产品。所以，也就用不着将与自己公司有竞争关系的产品放到二维表中进行比较，总结对方产品的特点了。通过分析竞争对手的产品来寻求机会，这不是产品开发的起点。我明白大家的心情，但希望大家能够忍住。如果眼睛盯着同类竞争产品不放的话，就会不由自主地想去效仿，或者不知不觉中就效仿了同类竞争产品。毋庸置疑，这样不会有创新。

眼睛盯着同类竞争产品不放，还会限制自己的眼界。如果养成了寻找细微差异和微小差距的习惯，就会形成一种思维定式，觉得"在同类竞争产品上加一点或者改变一点就可以了"。

详细分析同类竞争产品的过程，有时候还会让人变得不自信。同类竞争产品都非常好，所以心里就会想"不可能做出比这个更好的了"。

最重要的是，"同类竞争产品已成为过去"。我们要描绘的是未来，真正的对手会在还没有开发的新市场等你。另外，对手很有可能是其他领域的产品。

在此，我们不从产品的味道、外形等设计方面看这个问题，而是从使用产品的时间和心情方面，也就是从产品的"功能和意义"方面来思考一下这个问题吧。我们应该养成宽视野、多角度看问题的习惯。

要去尝试"重新架构产品的价值和意义"，这样才可能开辟新市场！

（3）做法① 垂直思考，寻找启发

不借鉴同类竞争产品的相关元素，那么应该怎样畅想未来新市场呢？

在此，我先给大家介绍"市场的上位概念化"思维方法。

这是一种从下到上不断增加上位概念，将概念扩大到更宽泛市场的思考方法。它在我们前面提到的"重新设定业务领域"和"重新架构产品具有的价值、意义"方面非常有效。

图 1-5 是以啤酒为例的垂直思考示意图。可以看出，每增加一层，概念就会相应地扩大一个范围。当你觉得"规模太小了，没市场，没前景"或者"市场已经成熟、饱和，并且处于闭塞状态，规模会不断缩小"的时候，通过不断累加上位概念的方法，有时候会有意料之外的发现。

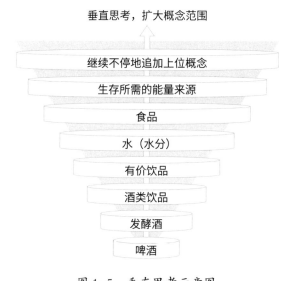

图 1-5　垂直思考示意图

这幅图有多种描绘方式。即使都是将啤酒置于最下层，但是只要换个思考角度，结果就会完全不一样。大家可以考虑一下，如果将啤酒作为心理慰藉和放松的手段，那么这幅图会变成什么样子呢？

我向大家推荐这个方法，因为一个人的时候可以用它锻炼个人的思考能力，小组讨论的时候还可以通过它找到意想不到的突破。

（4）做法② 构想示意图——"冰结"的初期构想

还有一种做法，就是将视角放在未知市场、未来可能很有活力的区域等，绘制示意图。

你可以竖着、横着、斜着画坐标轴，将相关的市场和领域置于其中，用箭头、交互符号来表示相互关系、变化、重心移动等。要做各种猜想，比如："是不是这样就可以撬动未来市场？"

思考的时候，可以靠直觉，不用在意理由和依据，也可以从市场营销的数据分析和战略中寻找头绪。你可以随心所欲地描绘，既然是新市场，那么规则也应该是全新的，甚至可以自己创设规则。

你可以在示意图中放入一些和自己公司没有关系的、完全不同行业的产品。我们有可能会从中找到耐人寻味的关联，也有可能无法找到任何交集，但是不管怎么样，看到四面八方的箭头纵横交错，能够激发自己思考。

在此，我们一起看一下我实际制作的"冰结"构想示意图（图 1-6）。

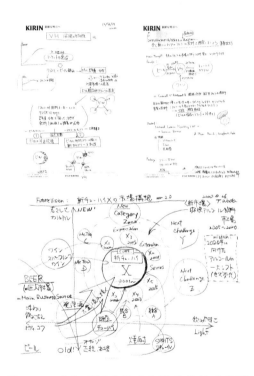

图 1-6　清爽型酒类饮品市场的构想示意图

首先，在白纸上写上主要部分，比如尚未出现的"未来市场"和"将来（可能）不断产生活力的区域"，不要先写已经存在的预调鸡尾酒、啤酒、葡萄酒市场。

未来市场的名称暂定为"清爽型酒类饮品市场"，放在正中央的就是新市场中的典型产品"新产品 X"，也就是随后开发的"冰结"。在其周边排放上同系列产品或者第二款、第三款产品，丰富市场内涵。这虽然看起来非常简单，但是需要反复思考，所以其过程是迂回曲折的。

制作示意图，关键是明确表示新市场和既有市场的关系。这里的示意图用的是 1 个坐标轴，但是不用限于此，也可以比较两个市场或者制作多个市场的关系图。

然后，观察示意图或者市场关系图，畅想能否改变市场的中心价值，实现创造性破坏。用箭头和文字来描述自己遐想的"发展趋向"和"变化"等。

在绘制示意图或者市场关系图的时候，要确保一看到它就能明白自己期望的未来在何方，现在我们处于什么位置，如何能够通向自己期望的未来。

在开发"冰结"的时候，我们将它的魅力设定为"清爽""全世界最顺口""冰凉无敌""朝气蓬勃、轻松休闲""永葆清新"。我当时的构想是，要据此来吸引啤酒、葡萄酒、烧酒和鸡尾酒的顾客，形成创造性破坏。为了切实推动这一变化，我们还策划了向市场追加投放一系列产品的方案。

4. 以自我使命为起点

（1）明确自己的使命与未来愿景

开发人员想向社会推出新产品或服务的时候，内心深处肯定存在特别的心愿、梦想以及未来愿景，它们构成了产品开发的动机。

或许有些人会说"没有没有，我仅仅是冒出了这样一个想法而已"，但是如果仔细倾听他的想法，就会发现他产生这种想法是有潜在的理由的。

之所以初创企业的经营者、热销产品的开发秘闻能够吸引人，就是因为我们觉得他们的未来愿景和与之有关的故事非常有魅力。

"使命"是勾画未来愿景的基础。使命就是自己确立的职责，是决定终其一生努力拼搏的事业，体现了人生的意义和目的。如果打个比方的话，"使命"就相当于树的根部（图 1-7）。

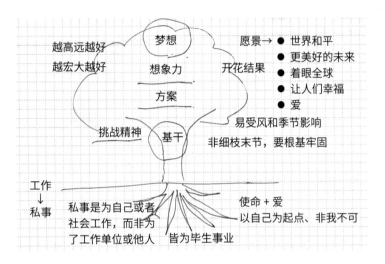

越高远越好
越宏大越好

梦想

想象力

方案

挑战精神

基干

愿景→ ● 世界和平
● 更美好的未来
● 着眼全球
● 让人们幸福
● 爱

开花结果

易受风和季节影响
非细枝末节，要根基牢固

工作
↓
私事

私事是为自己或者
社会工作，而非为
了工作单位或他人

皆为毕生事业

使命＋爱
以自己为起点、非我不可

图 1-7　使命与愿景的关系

　　当使命感生根发芽之后，就会自己鼓舞自己进一步成长，面对困难的时候毫不畏惧。正是由于有了使命感，才能清晰地勾勒理想之树的枝叶、花和果实，坚定地勾画未来愿景和充满梦想的未来。

　　我也有自己的使命和愿景，它们是每款产品中不可或缺的源流。当然，我也不是完全没有"想成为有钱人""不想输给别人""想被别人认可"的想法，但是如果这些欲望成为行动支柱的话，人就会变得格外脆弱。相反，如果将自我使命定位于"有益于他人""让人们更幸福""建设更美好的社会"等的话，就能源源不断地获得前行的力量。因为这些使命是不会穷尽的，不管做到什么程度都很难说自己已经完成了，所以我们能够一直肩负这种使命，不断前进。

（2）没有做好公司指派工作的原因是什么

"自我使命"是非常重要的，但是在企业等机构中工作的人是不能只根据自我使命工作的。实际上，我们需要完成上司交代的研发工作，还会被安排做一些公司需要的事务性工作。因为我也曾经是公司普通员工，所以对这一点有切身体会。现实中要做的很多工作都是基于公司的使命，而不是基于自我使命。

在我的工作生涯中，最大的一次失败就是公司指派的一项工作。当时，有一个为庆祝公司成立 100 周年实施的新产品项目，目标是生产一款被大众喜爱的新产品，夺回公司在啤酒领域老大的地位。可以看出公司干劲十足，项目规模也很大。由于我已经成功研发过热销产品，大家都非常认可我的能力，所以上级将这个项目委派给我，让我务必担此重任。

类似这样的委派，我以前也曾经巧妙地回绝，但是这次是真的无法拒绝。我作为研发的负责人统筹这个项目，但是最终饱尝了失败。虽然造成失败的各种因素错综交织，但是我个人觉得最主要的原因是"缺少自我使命"。

"说到底，我做这项工作的理由是什么呢？"

"我通过这项工作可以实现什么目标？"

"这真的能有益于社会吗？"

自己的这一连串疑问，我当时没有真正找到答案。

在这项工作中，我想做的是"让啤酒重新焕发魅力"。

我下定决心暂且不管成本和效率，要竭尽所能地去制造能体现啤酒原本魅力的王牌啤酒。也就是说，是先有"啤酒魅力的硬核回归"这一课题，然后我再根据这个课题的需要调整自己产品开发的基调。

"王牌啤酒，要有正宗的味道。"

"正宗的味道，源于正确的造物哲学。"

"正确的做法忠实于造物哲学和正统思想。对，这才符合道义！"

"从常理来看，顾客现在寻求的应该就是产品的正宗。"

就这样，后来附加上了一些像模像样的"使命"。但是，原本应该是反过来，是先有"自我使命"才对。

如果自己的使命是产品开发的起点，那么"希望为大家创造正确的未来；希望创造新产品和新市场，让生活充满由衷欢笑"的心情就是始发站。按照自己一贯的做法的话，我应该会这样做。

即使都称得上是"正宗啤酒"，但是一种是着眼于顾客的未来而创造的"正宗啤酒"，另一种是为了完成公司委派的任务而创造的"正宗啤酒"，两者是完全不同的。

我们通过这个项目开发出了不错的啤酒，但是没有实现真正意义上的独创和创新，项目就这样结束了。

（3）寻找公司使命和自我使命的交集

既然我们都是在机构中工作，那么就无法从工作单位委派的工作中自由脱身。

即便是自由职业者，也需要满足客户的要求，所以只依据自我使命来开发产品是很难的。既然是这样，我们就要找到外界赋予自己的使命和自我使命的交叉点和重合部分，这是最现实的做法。

当公司的使命交给自己后，我会考虑这对社会有什么帮助，会让什么样的人感到幸福，能够有助于解决什么样的社会课题。然后，我还考虑这与自我使命和人生目的在什么地方有交叉和重合。

以前面刚讲过的我的失败案例为例，当公司将"啤酒中的新款产品，重夺市场份额之首"的使命交给我之际，我本应该更加深入地考虑"要从什么角度，在什么价值层面上使人们感到幸福"。然后，在此基础上，我本应该深入发掘公司使命与自我使命重合的部分——"要有益于某人""要实现更加美好的社会"等。

"近几年啤酒产业不得不极力降低成本和追求高效性，这真的是向着使人们的生活更加美好的方向发展吗？"

"顾客现在只寻求正宗产品，并且这一倾向越来越强。"

"说起来，今后的正宗啤酒到底应该是什么样的啤酒呢？"

"如果啤酒的味道仅仅能满足口、眼、鼻、喉，那是不够的。啤酒也要符合伦理，能够为解决社会课题做出贡献，能引起人们的赞叹和共鸣——'啊！真好喝'，这样的啤酒才是正宗的啤酒。"

"让顾客每天的生活更加充实和幸福，让社会充满美好。"

如果这些想法最终能够在"正宗啤酒"上得以体现，那么产品开发就是基于我的自我使命，而不是仅仅基于外界赋予的使命。这样，我就能够怀抱"为顾客送去正宗产品"的理想，真心实意地开始创造产品。

如果能够做到这一点，结果会怎么样呢？

如果能够做到这一点，自己的构想就会越来越宏大，想法会不断涌现，随之而来的是一个巨大的飞跃，使我们有能力创造未来。

对了，那就创立"正宗食品株式会社"这样一个虚拟项目吧！

不仅仅是啤酒，包括原生态的鸡蛋、蔬菜，以及原汁原味的火腿肠等，能不能将所有的食材都加进来呢？

"正宗食品株式会社"这名字听起来真不错！暂且不管这个项目能否变为现实，至少它可以让大家知道"啤酒公司在认真地思考饮食问题，并已经行动起来了"。

为喜欢正宗啤酒和食品的顾客创造未来，这可以成为我自己的使命，而不是一种被委派的工作。

要想做好公司分派的工作，关键在于找到自我使命。

自我使命是自己的"根基"，你的自我使命都包含一些什么样的内容呢？大家重新审视并细心培养自我使命吧！

（4）理想状态是实现"五个有利于"

不过，如果只是想实现自我使命的话，有时候只能取得小范围的成功。

让产品开发始于自我使命，同时要为解决公司问题做出巨大贡献，给顾客带来幸福，进而推动解决社会问题。如果这样去布局的话，那就不仅仅是有益于自己和公司，还会有益于整个社会，只有这样才能为社会做贡献。

而且，现在人们的观念开始由"以人为本"向"以地球为本"转变，如果将这个观念也加进来的话，那么我们描绘的蓝本不仅要有利于人，而且要有利于环境和地球。

也就是说，我们的目标应该是为了实现"五个有利于"，即有利于地球、有利于顾客、有利于社会、有利于工作单位、有利于自己（图1-8）。

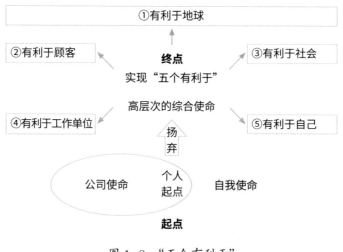

图1-8　"五个有利于"

如果因为过于相信自己而只顾自己，不管别人的话，那就太可惜了！既然自我使命很重要，那么就让我们把它培育得更强、更大。

5. 开发产品要反复思考的三个问题

我在开发产品和展开构想的过程中，每次都会反复问自己三个问题：

"真的会让人们幸福吗？会有益于社会吗？"

"具有真正意义上的原创性吗？"

"超越满分了吗？"

这三个问题并没有特别之处，但要同时给出三个肯定回答，还是很有难度的。可是，要想推出成功的产品，在这三个问题上均须给予肯定回答。

那么，我们按顺序来看一下这三个问题。

（1）"真的会让人们幸福吗？会有益于社会吗？"

要让人们幸福，需要有什么呢？

现代社会比以前更加关注企业应有的状态和存在意义，也就是关注企业是不是已经行动起来让社会变得更美好，让更多人幸福。

换句话说，开发产品是寻找并解决今后社会上将要出现的不满和问题的一种手段。所以，必须时时刻刻从这个问题的视角去思考自己要开发的产品。

"麒麟零酒精啤酒"要解决的社会问题是酒驾问题，该产品力求"让酒驾行为从世界上消失"。

"淡丽"可以让大家品尝到经济实惠，但是真心好喝而且上档次的酒，所以它能够鼓舞世人，让世人充满活力，让世人幸福，可以说它缔造了一个新的产品领域。

利用一切信息网了解社会，寻找启发

包括经济活动在内，现在社会上的一切问题的关切点已经从物质生活富足转变为精神生活富足。

其中，最受关注的就是可持续开发目标（sustainable development goals，SDGS），如果产品或服务不符合其中的17 项发展目标，就有可能被顾客及社会淘汰。我们可以从中获得开发产品的启示，尤其是在这 17 项目标被细化为 169 项具体目标后，内容更加丰富。正因为里面的内容很多，所以没有必要逐一细品，我们可以一边漫不经心地浏览，一边天马行空地思考。要做到漫不经心，这一点很重要。漫不经心地看着文字，有时候无意中就会闪现出灵感。当心劳计绌的时候，或者想寻找需要解决的社会课题的时候，你不妨试试这个办法。

你也可以浏览一下"社会责任产品奖"获奖产品，从它们的视角和思维方法中获得启迪。

我们可以通过新闻报道、纪录片、身边发生的事情，以及与朋友的交谈等各种各样的渠道来了解社会。要让社会变得更美好，就需要投入精力去真正了解它。

想让人们更幸福，就需要找准社会上存在的问题和课题、不满、不安，这样才能产生解决问题的办法。

（2）"具有真正意义上的原创性吗？"

是不是与其他产品在不同维度上有区别？

第二个需要思考的就是产品是否具有真正意义上的原创性。

如果这款产品相较于其他产品，只是在某种程度上有所提升——"比某款产品要强""比某款产品要好"，这种差异就不具有真正意义上的原创性。

产品具有原创性意味着产品是独一无二的。哪怕公司内部人员和竞争对手说你异想天开，你也要坚定信念去创造新事物和改变世界，勇敢地去挑战，创造未来。想要具有原创性，就要去探寻全新的体验，而不是模仿。

"模仿他人，这并不高尚""单纯追随和模仿，有悖做事原则"，前人的这种看法和教导在麒麟公司深入人心。

当然，要实现创新，是需要相当多的时间、精力和成本的。但是，花费在产品上的感情和精力一定能够传达给顾客，你认真做事的态度也会引起顾客的共鸣和支持。

其实，原创性是努力的结果，而你秉持的态度和付出的热忱是至关重要的。

全球首款包装设计"冰结"

顾客能够用五种感官感受到的外观部分，也可以追求原创性。

"冰结"开罐之后，易拉罐发生变化，铝罐外表的钻石状纹路也逐渐明晰起来，这是因为开罐后，内部气压降低，在罐身上加工出来的钻石形状会鼓起来。这样，罐身就有了独特的手感，而且凹凸质感的十字纹在光的照射下会产生闪耀的银色光泽。

除了罐身外形的变化，大家是否注意到开罐的时候，铝罐会发出独特的金属声响。其实，金属声响只不过是在这种包装制造技术下自然产生的，并不是为了想要这样的金属声响才设计的这种形状。

但是，开发团队却发现"声响可以变为价值"。这种声响让人期待用五种感官感受产品，它向人预告快乐时光即将开始，它打开了从忙碌通往闲暇的大门，可以说这种声响本身就具有一种不折不扣的独创性。

毕加索说过这样一句话，"我从不寻找，我只是发现（I do not seek/research, I find）"。不是只有专注于思考和研究才会有创新，有时候偶然的发现也会产生独创性。只要是真心实意地想去改变未来的人，即使不是天才和艺术家，也会有一双善于发现的眼睛。

（3）"超越满分了吗？"

超越顾客期望，达到赞赏程度

第三个维度，要考虑产品是否达到了让顾客赞赏的程度。

如果满分是 100 分，那么产品最低要达到 100 分，最好要超越它，将目标定到 150~300 分，达到能让顾客赞赏该产品的水平。

100 分（满意）是无论如何都要实现的分数，如果能进一步超越的话，就会让人吃惊和赞赏，这就是开辟新天地（新市场）的原始动力。

那么，如果达到了顾客的赞赏程度的话，现实会变成什么样呢？

产品受众会不断扩展，以至于需要给产品起一个新名字，会诞生新的市场，也就是会诞生一个顾客也能亲身体验到的真实存在的未来。

还是以"冰结"为例，看一下这个问题。

如果"冰结"就满足于 100 分的话，结果会怎么样呢？

如果是满足于 100 分的话，作为预调鸡尾酒，"冰结"受到顾客好评是肯定没有问题的——"咦，还挺好喝呢"。但是，可能也就止于此，不会达到颠覆顾客对预调鸡尾酒的印象的高度。上市销售几个月到半年时间内，它就会被卷入预调鸡尾酒的市场份额争夺战，但是不会产生新的市场。原本是光彩熠熠的畅销产品，但是为了在众多产品中不被淘汰，不得不没完没了地去竞争。这样一来，它迟早会被其他品牌湮没，也就不会成为长期畅销产品。

那么，如果超过 150 分的话，结果会怎么样呢？

顾客的反响就会是这样——"咦，这酒我以前怎么没见过！这正是我一直梦寐以求的酒。是不是还有别的款？""它让我对预调鸡尾酒的印象发生了 180 度转变！"——顾客甚至会改变对预调鸡尾酒的看法，这就有了开辟清爽型酒类饮品市场的可能性，进而开发一系列"冰结"产品，并不断投入市场，同类竞争产品也会追随"冰结"。

那么，如果达不到 100 分（不满意）会怎么样呢？

严格来看，80 分、90 分和 50 分、0 分没什么区别。说实在的，不管是什么原因，将不到 100 分的产品卖给顾客，这本身就是对顾客的失礼。企业之前建立的信任也会因此而荡然无存。因此，只要没达到 100 分，就算是 99 分也和 0 分一样。

虽说如此，现实情况是不管在产品开发上投入多少时间，不管多么努力，开发出来的产品很多时候也达不到 100 分。出现这种情况不可能是我们有意而为的，肯定是有各种各样的缘由。但是，顾客不会管这些，不能让人满意的东西，顾客绝对不会买账。

这样说起来，在开发预调鸡尾酒新产品时，发生了这样一件事情。技术部门认为方案在技术上无法实现，希望开发团队放弃。但是上市销售时间迫近，所以情况非常紧急，于是开发团队马上行动起来，花了好几天时间商讨替代方案。商讨结论是先用另一款产品（80 ~ 90 分）临时代替上市销售，等技术水平达到了，再将我们真正想开发的产品（150 分以上）作为第二款产品投入市场。我也无奈地对自己说："这也算比较现实、比较稳妥的退而求其次的成年人做法。"

但是，当晚举行的庆功宴上，团队中的年轻人纷纷说："达不到 100 分的产品，是对顾客的失礼。事情的开局就这样的话，那太可悲了！就算是花时间，我们也想把 100 分以上的产品呈现给顾客，我们希望看到顾客脸上惊喜的笑容。"

这些话句句都叩击着我的心扉，于是我们决定将产品的目标定在 300 分以上。容易实现的妥协方案，不到一天时间就被我们抛弃了，第二天我们重新开始研发，"冰结"就是这样诞生的（图 1-9）。

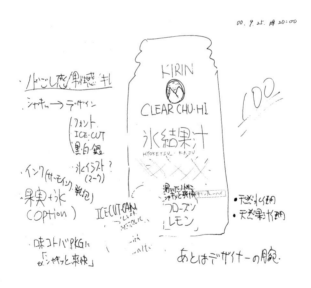

图 1-9 团队开发"冰结"时在白板上画的图

要达到 100 分以上，不是一个人就能做到的

开发一款产品需要很多人参与，经过很多环节。我们期望

每个环节都能够超越 100 分，多个环节加起来能够相辅相成，形成协同效应。每个环节相互补充，形成连锁反应，逐渐提高产品的完成度，拿出能够创造新市场的高分答卷。

举个例子，我曾经让设计师为产品设计包装，要求能让顾客看一眼就瞬间领会产品概念。然后，当我看到设计师拿出的设计方案时眼前一亮，不禁赞叹"这正是我想要的！""呀，原来可以这样弄！"这就是在设计环节完美地给产品加入了新价值，将产品概念形象地表达了出来，进而给产品锦上添花，变得更加熠熠生辉。

广告宣传标语和产品推销也经常会有类似事情发生。

我们无法预知将来会发生什么，这是产品开发不得不面对的问题。所以，我们不能只满足于让顾客微笑，我们要让顾客露出惊喜的表情，为此，必须不断打磨产品。

目标不是 100 分，我们要朝着 200 分、300 分努力！

6. 思考问题时要坚持"1W+4W1H"，而不是"5W1H"

（1）先从"Why（为什么）"开始

"5W1H"想必大家都不陌生，它是由 6 个单词的首字母构成，这 6 个单词分别是 When（何时）、Where（何地）、Who（何人）、What（何物）、Why（为什么）、How（如何做）。

灵活运用"5W1H"思考问题的一个好处是，可以毫无遗漏地整理信息。将它应用到产品开发，也会行之有效。

在计划开发产品的时候，大家首先思考的是不是"What（何物）"和"How（如何做）"呢？思考产品的理念、特点以及名称（What）是一项充满期待和憧憬的工作。推敲广告策略（How）也是一项让人快乐的工作——采用什么样的宣传标语呢？找什么样的明星做广告呢？

但是，我们应该注意，思考"5W1H"的时候顺序很重要。

如果习惯性地将精力都放在思考"What（何物）"和"How（如何做）"上，那么在产品开发过程中遇到阻碍或者受到别人质疑的时候，比如"这个能卖得出去吗？""是不是还有别的选择？"你自己可能也会不知所措。

说到底，自己究竟是为了什么而开发产品呢？

开发这款产品，自己是想要实现什么呢？

存在这种疑惑，是因为你自己还没有完全弄清楚一个根本问题，也就是自己的目的是什么。所以，当被别人质疑而迷茫的时候，你就失去了让自己回到起点进行思考的支撑，迷失了方向。

还有一个需要注意的问题，左右成功的不仅仅是眼睛能够看得见的"What（何事）"和"How（如何做）"。Why（为什么）是产品的灵魂，也就是说"产品存在的意义是什么？能带来什么样的未来？能在多大程度上有益于大众和社会，多大程度上改善社会"才是成功的关键。

从这种意义上说，"5W1H"中"Why（为什么）"是最重要的，可以说它的地位特殊。所以，不妨把"Why（为什么）"独立出来，用"1W+4W1H"这个框架来考虑问题（图 1-10）。

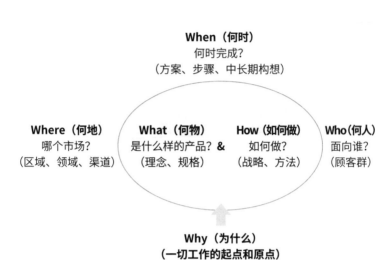

图 1-10 "1W+4W1H" 框架

When（何时）、Where（何地）和 What（何物）、Who（何人）的区别也需要大家注意。我将"顾客什么时候在什么情况下购买使用该产品"归为 What（何物）和 Who（何人），而将实现构想的方案与步骤、市场与渠道放入了 When（何时）、Where（何地）之中。

（2）反复问"Why（为什么）"，明确目的

想必大家都明白了"Why（为什么）"的重要性。但是，思考"Why（为什么）"的时候，只是浅尝辄止的话，不足以明确

自己的目的是什么。要想找到问题的本质，是一件非常难的事情。

遇到这种情况，我建议大家反复问"Why（为什么）"，深入思考。

丰田汽车在发现问题后采取的"5Why 分析法"非常有名，这种分析法是在问题产生后反复问 5 次"为什么"，以此来明确因果关系，找到真正需要解决的问题。

同样，思考目的的时候刨根问底，反复问"为什么""为什么我要开发这款产品？为什么这款产品为世人所需？"这样反复追问自己，就能够发现深层次的目的。产品能否成功，能否踏上长期畅销的轨道，与是否明确了目的有重大关系，所以需要深入思考。

我也如此，当有人拿着方案跟我商量的时候，我会多次问"为什么"，深入思考问题。这样，双方都可以明白方案或问题的"本质"，找到标本兼治的对策。

只不过，如果每次都这样做的话，有可能会让下属觉得这领导怎么这么烦人，让人觉得不易接近。所以，在必要的时候才用这个方法比较好。

第2章
养成抓住"偶然的灵感"的习惯

方案构思法让你学会产品构思及其实现方法。

7 种方法让人文思泉涌。

CHAPTER 2

7. 偶然的灵感可以让人思路大开

（1）大幅提高思维能力的诀窍

描绘远大梦想的"未来蓝图"和脚下的"现实"，将这两者连接起来不是一件易事。

要创造此前不存在的、没想到的新东西，需要能带来巨大飞跃的独特想法。

但是，好想法不是信手拈来的。我本身也不是天才创造者，灵感和想法不会源源不断。正因为是这样，我在日常工作中用各种办法积累想法，寻找产品开发的启示，我就是这样一个"努力型"创造者。

在此，我要告诉大家我亲身实践的且每个人都能轻松做到的"寻找和提出解决方案的诀窍"。

简单来说，就是通过下面三个要素的相互作用来提升思维能力（图 2-1）。

图 2-1　思维能力公式

　　排在第一位的是"获取的信息量"。不管是获取什么信息都好，如果脑子里面空空如也的话，是什么也想不出来的。理想状态是自己拥有的信息要尽可能多，尽可能涉及诸多方面。虽然信息的质量也很重要，但是首先需要确保信息量充足。这三个要素中，最重要的是获取到的信息的"绝对总量"。

　　排在第二位的是"对构想以及未来蓝图的热忱"。或许有人会说：怎么又要谈"热忱"啊！但是，如果想做到游刃有余的话，就绝对不能忽视热忱。

　　正是因为坚持不懈地思索——"有没有更好的想法呢？""还想再来点创新！"才会豁然开朗，找到好的想法。

　　排在第三位的是"抓住灵感的能力"。假设看到同样一块石头，你是觉得它就是一块普通石头，还是觉得它可能是一块珍贵的矿石，进而陷入思考呢？不同的思维会通向不同的故事结局。能否发现并充分利用事物的价值，完全取决于这个人会不会多思善问，能不能敏锐地获取信息，有没有能够发现价值的知识储备，有没有自由的想象力。

灵感不会凭空而降，是需要我们通过自己的习惯和努力获取的。

（2）怎样可以主动抓住"偶然的灵感"

要将这三个要素结合起来，实现创造性思维，需要"偶然"的发现或机遇。

这是指通过偶然的事情，获得改变人生的运气。也就是说，我们通过一次短暂的交谈或者一件不经意的事情，突然受到启发，然后发现有用的想法，从而获得人生转机。

这种事可以发生在任何人身上。而且，我们不需要干等着，每个人都可以去主动迎接机遇。从自己平时待的地方迈出一步，让自己行动起来的话，就更容易找到机遇。

比如，去书店。有时候无须做过多的事情，只是把书拿在手上，哗啦哗啦地翻动书页，或者就观览一下摆放在那里的书，看看哪一本受大众欢迎，只这样做都能有所发现。

或者，在办公室小叙或者聚会时进行交谈。有些企业就鼓励员工相互交流。"最近在忙什么呢""现在让你着迷的事情是什么""你关注的事情是什么"等，不妨像这样去交流一下。如果将自己局限于一成不变的范围之内，那么得到的信息也十分有限。所以，应该去参加朋友知己召集的聚会，或者去别人介绍的平时不去的地方，做一些平时不做的事情。

我建议也要有效利用为用户创造机遇的社交平台、服务和场所。

参加社交活动和集会，有以下三个注意事项。

第一，要有建立"良好人际关系"的意识。只是一味地交换名片，却不能深入交流的话，是没什么效果的。要做到深入交流，建立良好的人际关系和人脉，并且珍惜由此产生的信任关系。我们参加社交活动和集会的时候，要以这样的心情去结交一些值得交往一生的朋友才行。

第二，不要在意双方的公司名称和头衔。因为公司名称和头衔会让人自高自大或者在双方之间产生隔阂，而我们希望建立的是对等的关系。头衔和功绩属于过去，我们要做的是考虑未来能不能一起做事。

第三，要勇于积极成为社交活动和集会的组织者。这样做的话，人脉会更广，看法会更深入，所以会有更好的体验。

最近，很多这类社交活动降低了组织者和参加者的门槛，让谁都可以成为组织者，或者更准确地说是在鼓励大家成为组织者。其实我也怯生，但是我建议越是怯生的人，越要尝试成为组织者。组织者有事可做，不会因为无话可谈而冷场，所以就不会觉得紧张和尴尬。

　　大家不妨在平时就养成习惯去抓住"偶然"。或许，这样做的效果不会立竿见影，但是肯定会让你的收获越来越多。

8. 要不断积累信息

（1）输出的信息量和获取的信息量成正比

上一节提到，"获取的信息量"是形成思维能力的要素之一。

在一无所知的状态下，是不会产生好想法的。获取的信息正是产生好想法的源泉，所以如果想产生好想法，就需要辛勤地获取信息。

获取的信息可以五花八门。书籍、杂志、报纸、电影、电视和网络资源等都可以利用起来，什么都要看一看，什么都要读一读，什么都要听一听。

比如，在美容院和诊所等待的时候，我会翻一翻供顾客阅读的杂志和宣传册，了解一下平时没有涉猎的领域。健康杂志、服装杂志、城市杂志等，这些都是打开未知世界的钥匙。

看电视的时候，我不仅看自己喜欢的节目，还会用遥控器快速变换频道，了解一下其他节目。我还在电视录像机中设定关键词，将节目录制好后存起来，等有时间的时候集中观看。

我特别关注的是日本广播协会（NHK）教育频道和日本广播协会广播卫星节目（NHK-BS）等，尤其是深挖冷门课题的节目。因为，这样的节目很有可能会让我萌生一些好想法。

此外，还要关注平时不太接触的历史、文学、美术、音乐等领域的电视节目。一直得以传承的传统与文化，以及古典作品都可以算得上是长期畅销的东西，这些经久不衰的东西里面蕴藏的启示也可以用于当代。

与宇宙、生命科学、尖端科技等相关的科学，乍看起来与工作没有直接关系，但是有助于拓宽视野，会让我们从不同角度得到启发。

网上购物的时候，我除了查看自己想买的东西，还会全面调查一下其他相关产品和同类产品，即使不是自己想要检索的东西，也要详细查看一下。不要觉得自己不懂或者对这些东西不感兴趣，要充满好奇心，不断去探索。

如果获取信息是为了开发产品，那么大家可能更愿意去找一些立刻就能派上用场的信息，比如"现在流行什么""人们都有什么样的嗜好"之类的，这种做法是可以理解的。但是，不要忘记"现在流行"就意味着它已经"成为历史"，而我们获取信息，是为了积累可以创造未来新市场的素材和催化剂。一定要记住，我们不是要搜集那些立刻就能用得上的信息。

创造未来新市场的思路，会从储存了大量信息的"思维杂烩汤"中一点一点释放出来。我们不要被短期的营销思维束缚，要不断地往"杂烩汤"里添加新营养。

（2）建议"跨境"

如果一直用同一种方法收集信息的话，收集到的信息会没有太大差异。"跨境"可以有效避免这种情况。能够轻松实现跨境的日常做法有三种：换一换环境、认识不同的人、读一读不同的书。

"换一换环境"

去没去过的地方旅行，或者更换居住的地方。

再简单一点的做法也可以。比如，想喝咖啡的时候，挑一个平时不常去的咖啡馆；到路过的店铺里看看；健身的时候，换一个健身房体验一下。

到不熟悉的街道散散步，拐进岔道看看，中途下车看看。去一个平时不去的地方，你会有全新的发现。我们不妨从舒适的生活圈子中走出来，到不同的地方看看。

改变一下视野，换一换心情，这样可以获得新发现和新收获。

"认识不同的人"

大家不妨去认识一些新朋友，了解一下不同的价值观，探索一下自己不知道的世界。

你可以学习新才艺；参加聚会、学习会、志愿者活动等；也可以从事副（复）业，涉足未知行业。

你还可以改变一下自己的性格，尝试接触新世界，这也同样会有效果。如果你是个做事循规蹈矩的人，那就可以尝试学会如何顺应环境的变化。如果做到了这些，那么不仅环境氛围、对方的发言和反应会发生变化，你还会发现不一样的自己，所以会很愉快。

认识不同的人，不仅可以增加信息源，还有利于发现商机和社会课题，很有可能会产生协同效应和催化作用。进展顺利的话，我们还会交到新朋友，可谓是一箭四雕。因此，值得我们勇敢尝试。

"读一读不同的书"

逛逛书店，找找书。读一下不怎么读的书，或者随机选本书，或者读一读你喜欢的那本书的旁边的书。最近，使用独特书架的书店正在增加，去这种个性较强的书店找找素材，就当作是逛街观光一样逛逛书店，这也是挺有意思的事情。

如果是在图书馆，就去平时不怎么去的区域待上 5 分钟；借本家人最近看的书；问问朋友最近有没有什么有趣的书；重新读读以前读过的古典作品。

当然，也可以看看简评和书评、排行榜。不过，如果要增加其他信息量，那就要尝试各种各样的方法。

这种方法也可以应用到电影、音乐、绘画和戏剧等各种领域。

（3）用"多重标签"整理大脑中的信息

我不是天才，记忆力也不是出类拔萃的。但是，在关键时刻却能脱口而出——"那，这样弄怎么样？"让周围的人惊诧不已。

我之所以能做到这一点，是因为我记忆信息的时候下了一番功夫，在记忆某一信息的时候尽量用很多标签去标记。大家都知道，在照片墙（Instagram）和推特（Twitter）上投稿的时候，可以加上标签「#XXX」。同样，我们对自己想在大脑中储存的信息，也可以加上便于检索的标签。比如，想要记住电视上介绍的某个学习文具"A"的时候，就加上"# 工作高效化""# 设计创意""# 色彩搭配"等标签。当然，"记忆"上面是加不上实物标签的，所以这些标签都是虚拟标签。等过一段时间，和别人谈论色彩搭配的时候，就可以在大脑中检索"# 色彩搭配"，抽取出几个相关信息。这样，标着这个标签的学习文具"A"就会被抽取出来。同样，如果谈论如何做能提高工作效率，就可以用标签"# 工作高效化"检索信息，学习文具"A"也会被检索到。如此这般，给信息标记多个标签的意图就是通过多个主题检索到信息。

当然，这些是大脑中的虚拟标签，有时候可能并不好用，但是我敢保证这种记忆方法可以极大限度地调动记忆。

9. 五个"茅塞顿开的时刻"——如何呼唤灵感

（1）创新就是将知道的东西组合在一起

很多时候我们会将创新等同于发明（invention）、新发现（discovery），但是约瑟夫·熊彼特认为"创新就是旧元素的重新组合"。找到新事物是很难的，但是对于已知的事物，原本也不需要寻找。

我们经常以日式糕点"草莓大福"为例说明这个问题。成功实现这一创新的，是老字号糕点店铺的第三任老板。为了重振老字号店铺，他日夜思考招牌产品："西式糕点有草莓奶油蛋糕等招牌产品，真让人羡慕！草莓好吃又好看，真不错！对了，咱们店的大福是不是也可以用草莓做呢？"

"草莓"和"大福"都是人们生活中常见的食品，但是他将两者组合在一起，便开拓了此前没有的新世界，实现了创新。

大家也探寻一下自己周边有没有组合在一起让人觉得

"意外"和"新奇"的东西吧！这样容易产生一些好想法，实现创新。

（2）灵感闪现的瞬间就是茅塞顿开的时刻

"尤里卡（eureka）"在希腊语中的意思是"我想到了"，是在发现什么的时候使用的感叹语。古希腊数学家阿基米德（Archimedes）在盛满水的澡盆中洗澡时，看到水从澡盆中溢了出来，他受到启发想到了如何鉴别王冠是不是纯金的，于是他脱口而出"尤里卡"。每个人都可以找到适合自己产生灵感的环境，或许对阿基米德来说，浴盆就是让他产生灵感的一种条件。

如果注意一下自己什么时候容易产生灵感的话，就可以自发地再现这种环境。

当然，不是说创造了这种环境，就一定能突然产生好想法。我们耳熟能详的牛顿和苹果的故事，其实也不是这么简单，并不是牛顿看到苹果从树上掉下后就发现了万有引力定律。据说，牛顿曾困扰了很长时间："苹果会掉下来，为什么悬在空中的月亮不会掉下来呢？"他不停地寻找能够解释这一问题的答案。正是有了这样的前提，后来牛顿在看到掉下来的苹果的瞬间才会恍然大悟（这个故事有多种说法）。

时而思考，时而困扰，正是因为有辛勤的耕耘，一个小小的契机和时机才能成为催化剂，让你萌生好想法。刚才讲的糕点店第三任老板的故事就是如此。

因此，倘若自己清楚自己在什么情况下容易产生好想法的话，灵感闪现的概率就会大幅提高。如果给自己创造合适的时间和场景，捕获灵感的概率就会上升。

对我来说，能让我突然产生灵感的首选场所是桑拿房和洗手间。此外，根据灵感的类型和用途的不同，灵感闪现的瞬间也可以分为好几种情况。

人们在身心都处于放松的状态时，容易产生灵感。精神紧张或者抖擞精神去做事情的时候，反而不太会产生灵感。

（3）灵感闪现的五种类型

为了供大家参考，我介绍一下我自己的茅塞顿开的时刻。可以分为五种类型。

①零星"小灵感"

场合：会议没有进展，稍微休息一下的时候（比如去洗手间时）；午餐时间；桑拿时。

特点：用于思考策划案和构想中的核心语言、关键词、关

键句；在反复议论和通盘思考后，想一口气解决问题，想取得
突破性进展的时候有效；就像在摇奖的时候，摇奖球扑通一声
从摇奖箱跳出来的感觉。

②"灵感如流水"，逐步完善方案

场合：有意识地到处转转，如散步。

特点：可以用于写一写、说一说某个课题，总结一下对它
的想法和规划的时候。让想法在大脑中回响，可以仔细揣摩，
在大脑中浮现出需要修正和改良的地方。

③"纸上的灵感"，让想法更深入

场合：坐在桌前，在电脑或纸张上集中精力写的时候。

特点：将发散的思维凝聚成形，用文字表达出来，思考各
个想法之间的关联性和如何将不同的想法组合起来。勾勒视觉
影像，配上文字，发现不同想法的相互关系。

④一天结束前，"整理和汇总时的灵感"

场合：蒸桑拿或者在浴盆泡澡的时候，没有别的事情干扰，
能够集中精力思考。

特点：可以在进行总结、计划安排、制定顺序、充实内容、
思考其他方案和替代方案、进行推敲时使用。一天即将结束时，

将这一天思考的、实行的事情清晰总结一下。

⑤产生灵感的黄金时段，"灵感大爆炸"

场合：深夜或者天亮前，要么睡不着、要么刚睡醒的时候。这是一年只会出现几次的黄金时段。

特点：新想法会如汹涌的波涛一样滚滚而来。你会瞬间找到一直困扰自己的事情的解决方案。它会持续几小时，起床后应立刻着手写策划笔记。

如果自己能够根据不同的目的激发灵感的话，就不会出现毫无裨益的不安心情，不会出现"没有好想法，该怎么办呢"的慌乱局面。

工作进展不顺利，到了截止日期没有好点子，自己就有可能会被不安和焦虑压垮，大脑会越来越萎靡不振。这时候，如果内心能想"我现在要思考这个问题，就用先前奏效的那个方法试试看吧"的话，那么自己多多少少能放松下来。希望大家能了解自己在什么时候会茅塞顿开，茅塞顿开的类型有哪些，以便于自己不停地捕捉灵感。

10. 寻找巨大的变化和先行市场

（1）我们要找的是长期的巨大变化

要想找到开发产品的机会，关键是如何把握社会变化和如何把握市场动向。

要创造出能够开拓新市场的长期畅销产品，不应该看暂时的流行和变化，需要着眼于规模更大、势头更强的长期潮流，以及不可逆的变化。

如图 2-2 所示，我将社会变化分为三大类。

① 循环

周期比较短，虽然短期内热度会上升，但是马上就会冷下来。这种时而流行，时而衰落，在一定时期内反复的现象，我称之为"循环"（或者"热潮"）。

典型的是时装的流行现象，其他的还有"珍珠奶茶""炸鸡块"等所谓的"XX 热"。一般出现在某个固定的行业和领域内。

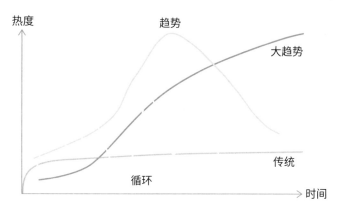

图 2-2　循环、趋势和大趋势的意象图

②趋势

较为长期的发展态势。发展出现拐点后，虽然不会立刻恢复到原来状态，但是热度终究会减退、结束。一般来说，"趋势"多用来表示"受欢迎"的意思，比如时装流行趋势、推特公布的趋势等，但是当用于市场领域的时候，表示中长期的稳定倾向。

③大趋势

时间跨度比"趋势"更长，周期长达几十年的发展趋势，主要是指那些超越行业，广泛出现在不同领域、不同地域和不同年龄的人群中的巨大的、不可逆的变化。"成长型市场"和"发展潜力大的市场"的这类说法，大多是考虑到"大趋势"而言的。

另外，图 2-2 中还有"传统"，它也代表了一种长期趋势，这一点它与"大趋势"类似。"传统"是指经过几十年也不会有大起大落的、具有永恒魅力和价值的发展态势。

立足于短期效应的产品开发，要把握循环趋势。从某种意义上来说，速度就是生命。但是，我们要做的产品开发需要长远眼光，需要看到 10 年、20 年、30 年之后的市场变化。要想开发一款开创性产品，最重要的是洞察发展趋势出现变化的前兆，以及发展大趋势上出现的巨大起伏。

（2）需要抓住的三个超级大趋势

目前全世界都在关注的大趋势，可谓多种多样，比如，数字化、虚拟化、低碳化、分布式系统的应用、无接触技术的应用、粮食不足和植物基食品等。在此无法一一介绍，我们从中挑选三个超级大趋势跟大家说一说，它们在未来 50 多年会影响几乎所有产业的产品开发。

超级大趋势之一 ——追求健康

"追求健康"已经是毋庸多言的超级大趋势。

在饮食方面，人们不仅要食用添加剂少甚至无添加剂的食物，以减少添加剂对身体的危害，还要求吃的食物有养生和改善亚健康的功效。其中有代表性的食物有补充营养元素的补品和增强免疫力的食品等。

同时，还不止于此，丰富的精神内涵也是一项重点内容。麒麟"淡丽绿标"将糖分降低了70%，同时口感清爽，麒麟"淡丽绿标"凭借这一品牌理念成为长期畅销产品。这种心理上的满足——"心情愉悦""心灵获得满足""负罪感得到缓解"——今后可能会越来越被重视。

并且，人们对健康的划分会越来越细，分为心理健康、运动健康、衣食住行的健康、游戏等娱乐活动的健康等。日用品使用纯天然成分（对洗发露和护发素、洗涤剂等使用的原料比较讲究），强化精神健康（冥想、正念减压疗法），完善健全的劳动环境（肢体辅助设备、降温工作服）等，这些产品的开发都是基于人们对健康的追求。

超级大趋势之二——良知消费

良知消费是指在消费过程中选择购买不会伤害人类、社会、地域和自然环境的产品或服务。

比如，通过不正当手段压榨劳动者而维系低价格的产品、严重危害环境的产品等都不符合良知（伦理），今后这些产品可能得不到消费者的支持。人们的消费行为和情感正逐渐被良知和伦理道德所影响。

可持续发展目标投资和环境、社会和公司治理（ESG）投资繁荣发展，这表明日本企业开始把立足于良知消费的发展战略作为工作核心。

为了全球物种的延续，避免灭绝危机，越来越多的人希望为自己的子孙后代留下更好的地球环境，让世界变得更美好，并且会积极行动起来。

下面是几个例子：

● "当地生产当地消费"运动。可以买到本地产品。增加顾客对本地农产品的喜爱，激发本地产业活力。减少运送成本和尾气排放，保护环境。

● 公平贸易产品。以公正的价格购买的发展中国家生产的作物和产品，帮助生产者实现自立。

● 手提包和运动鞋不用皮革制造。基于对动物的保护，以及避免生产过程中产生的化学物质造成环境污染。

● 加大力度减少粮食损失和浪费。

超级大趋势之三——"人口动态"带来的变化

现在社会很难预料未来发展形势，但是"人口动态"带来的变化却是可以预测到的。

与人口动态相关的数据，其主要指标是人口数量变化，还有少子高龄化、未婚率和离婚率的变化等基本指标，以及日本

《国民生活基础调查》公布的家庭户数、护理状况、平均寿命、就业情况等相关数据。不管是构想未来，还是塑造商业创意，这些数据都会是宝库，可以带来很多启发。

根据人口动态数据显示的倾向，今后将会如何变化呢？在思考这个问题时，关键是要辨明时代效应、年龄增长效应、世代效应这三个因素中的哪个因素在起作用。

①时代效应

受时代影响密切、对所有年龄段都会造成影响的价值观和消费倾向。其特点是变化幅度大，但是容易恢复到最初状态，流动性强。近期的事例有"居家消费"，以及出现了从"买产品"到"买服务"的转变。

②年龄增长效应

与时代和特定的年龄段没有关系，随着年龄的增长而逐渐变化的价值观和生活方式。比如，随着年龄的增加去医院的次数会增加；到了 40 多岁会变得喜欢日本酒等。

③世代效应

世代效应，我们也称之为"同龄群体效应（cohort effect）"。这是指同龄群体所固有的行为取向和价值观，它与特定的时代环境密切相关,所以不管经过多少年,在同龄人中都不会发生变化。比如,"互联网世代""减负教育世代""婴儿潮世代"等不同年龄段群体有不同特征。

随着世代交替,有时候社会可能会发生很大变化。大家不妨养成观察的习惯,可以基于自己的视角,定点观察世代交替导致的时代变化拐点。

我在开发"冰结"的时候就已经体验过,依据市场调查做的"世代效应"分析对市场构想和未来蓝图规划有很大帮助。

在我 1990 年做的调查中,大家在回答"最喜欢的酒类饮品是什么"这个问题时,不管哪个年龄段的人几乎都回答是啤酒。然而,过了 10 年答案就发生了变化,2000 年调查的时候,在 20 多岁的人最喜欢的酒中,排在首位的是鸡尾酒和预调鸡尾酒,而啤酒屈居第二(尤其是女性这样回答的倾向比较显著,超过一半的女性回答自己最喜欢鸡尾酒和预调鸡尾酒)。

"如果这是世代效应,那么这一倾向持续 10 年乃至 20 年以后,酒类市场会有什么变化呢? 这一倾向很可能会进一步增强。"这样看来,产品想要较长时间或者长期在市场上占有一席之地,应该朝什么方向发展,答案已经非常明确了。

当然,这个假设仅仅是其中的一个影响因素,但是它足以决定当时的长期战略。很明显,"冰结"把握了时代大趋势,是为了占据未来市场的中心而投放的产品。

（3）在先行市场中寻找"淡丽"的机遇

寻找机会的另一个线索就是先行市场。这是指从其他既有市场寻找新市场可能会出现的发展模式、线索或者可供参考的事例。也就是说，"新市场中可能会出现的发展变化，在其他市场中可能已经发生过"。

所以，可供参考的事例和线索不一定要从相同的产品市场上寻找，相反，它们大多数来源于不同领域或者海外市场。

发现先行市场后，思考先行市场扩大和变化的原因，并且将它运用到自己思考的市场。

开发"淡丽"的时候，我关注的是美国啤酒市场。20世纪八九十年代，单价不足1美元的低价啤酒占据了整个美国啤酒市场的一半以上，虽然当时经济状况很好，但是低价啤酒的占比却在不断增加。

而当时发泡酒在日本刚刚起步，市场占有率还不到1%。

如果把美国啤酒市场作为"先行市场"进行参照的话，我们就可以推断：10年后、20年后，日本的发泡酒市场将占据整个啤酒市场的50%左右，有可能会成为（或者能够成为）家庭酒水消费的主流。

没有人能够做到正确预测新市场如何发展，但是如果有先行市场可供参照，就可以预测未来，减少风险。也就是说，参考先行市场，可以多多少少制订出一些方案，有助于增强对自己计划的信心。

然后，根据我的切身经历，我认为先行市场上的业绩是说服公司内部相关人员的非常有效的素材。如果在提出计划的时候，只是空口说"可以预料新产品在市场销售 1 年后会实现什么样的业绩"，那是不会被信服的。但是，如果让相关人员看一下先行市场的发展过程的话，就可以有效增强说服力，让对方觉得计划有实现的可能性。

（4）在先行市场中寻找根源相同的东西

刚才说到的"淡丽"是将相同产品领域的海外事例作为先行市场。其实，即使是跨行业，也可以找到先行市场。

一般说来，寻找先行市场的关键是要着眼于"根源相同"的产品。

比如，开发乳制品的时候，根据"追求纯天然"这一共同点，到秀发护理市场去找一找；开发电冰箱、洗衣机、空调等白色家电的时候，根据"偏好白色"这一共同点，到餐具市场去看一看。就像这样，即使是不同领域的产品，只要他们之间的选择标准相近或者功能相近，也就是在某种根源方面有共同点，就可以去调查一下，这样就会找到很多先行市场。

大家可以思考一下在自己寻求的先行市场上，都有哪些产品领域呢？或者，如果发现了某些变化，可以考虑一下这个领域能否成为先行市场。

11. 用"爱"创造经久不衰的产品

（1）让"不变"铸就坚实的基础

人对"变化"很敏感。尤其是从事市场营销、产品开发、业务开发等工作的人，常常会有"变化＝机会"的意识。所以，不管在什么情况下，变化都会吸引我们的眼球。

然而，仔细观察普遍存在且恒常不变的东西，也是看问题非常重要的视角。这是因为即使时代变了，也会有很多不变的东西。即使来自不同的国家和地区，民族、性别、年龄均不同，人们也往往会有一些相同的价值观。同时，与"变化"相比，那些普遍存在且恒常不变的东西的影响力更强，更坚不可摧。

前面介绍的三个超级大趋势，都是长期的不可逆转的潮流，所以反过来说，我们也可以把它们看成是"不变"的东西。

开发产品不仅要灵敏地嗅到变化，也要考虑"不变"和"普遍"的本质内涵。

（2）永恒的标准——"真、善、美"

不管时代如何变化，有些东西都是永恒不变的。

永恒不变的东西就是产品经久不衰、永远存续的秘诀，也就是让产品长期畅销的秘诀。

一个永恒不变的标准就是"真、善、美"。它与产品开发要遵循的根本原则有相通之处，是我在工作中一贯坚持的核心部分。而且，当今社会尤其强调企业信条（价值观、行为准则）和理念、目标的重要性，所以我认为"真、善、美"应该会成为所有行业不可缺少的概念（图2-3）。

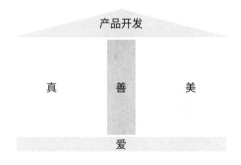

图 2-3　产品开发要心怀"真、善、美"和"爱"

真：是指没有谎言、不伪装、不夸张；正确传达，忠实执行；充满敬意和诚意。

对我来说，就是指不被成本所束缚，追求质量。重视独创性，力求满意度达到满分 100 分以上，绝不妥协。目标是看到顾客的微笑。

善：是指要有仁慈之心，要做好事，要做符合道德和伦理之事。

对我来说，就是指实现"有益于社会和世人、让世界变得更加美好"的使命和"五个有利于"。

美：不仅包含表面的美，还包含体现"价值""协调"的感性部分。

对我来说，就是重视审美观和美学等，扩大"美"的影响范围，避开老生常谈的"战略""赢""夺取"等战争隐喻。

在产品开发的过程中，很多时候我们要做出决断和选择。每当这时，我都会将"真、善、美"作为行动指南，不断问自己"这样做，真的可以吗"，看看是否符合自己的价值观。

（3）"麒麟零酒精啤酒"中的"爱"

产品开发时还有一个重要的价值观，那就是"爱"。

可能有人认为，"爱"容易变淡，容易消失。不过，这里所说的"爱"不同于恋爱的爱，它是指对家人、朋友、邻居、顾客的关爱，或者更广泛的对人类的爱。

人对人的关爱是永恒不变的，是人生目的之一。以这种心情和自我使命为基础，可以开发出经久不衰的产品。

　　我开发"麒麟零酒精啤酒"不仅仅是为了减少酒驾这一社会问题，更是出于我对那些因酒驾而遭受痛苦的人的关怀和担忧。

　　另外，我开发"麒麟零酒精啤酒"也是为了那些因为某种原因而不能饮酒的人，比如孕妇、哺乳期妇女，以及不宜饮酒或生病的成年人。我希望他们也能够享受饮"酒"的快乐时光。这种希望也是一种爱。

　　心底有没有"对他人的关爱"，有没有"助人之心"，会影响产品的价值和存在意义。这种心情的强烈程度可以感染消费者。同"真、善、美"一样，在开发产品时，拥有博大的"爱"也极为重要。

　　那么，大家是如何理解"真、善、美"的呢？"爱"又是什么呢？

12. 培养自己的"X人格"

（1）模拟顾客的真实生活

购买产品或服务的典型顾客的虚拟形象，在市场营销领域被称为用户画像。

我会设定这一虚拟形象的性别、年龄、居住地、职业经历、爱好、特长、家族成员、生平和如何度过节假日等信息，宛如真的存在这样一位顾客一样。

我的工作是创造世界上此前没有的产品，所以要彻底描绘自己的想象或者妄想，进而设定具体的"X人格"（本人自造词语）。

我会让用户画像动起来，让他说话，让他与人交际，让他去经历一些事，然后将整个过程编织成一个小故事。用户画像的精准与否会决定工作的成败。

要尽量多地去建立用户画像。思考：当这个产品出现在这样一位顾客面前时，他会不会感到欣喜？他会如何使用这个产品？并且观察虚拟顾客的反应，看看能否引出我没意识到的潜在可能。

设定"X 人格"时，要让自己完全变成这个人。他住在什么样的城市的什么房间里，和什么人一起生活？衣着打扮如何？是什么样的发型？吃什么？喝什么？冰箱里都放着什么食品？听什么音乐？憧憬什么？看什么样的电视节目和杂志？喜欢什么电影？有什么爱好？做什么体育运动？周末如何度过？

如此这般，要相当深入地具体描述用户画像，让他成为一个栩栩如生的人。这就如同描写小说或者电视剧中的人物一样（表 2-1）。

（2）化身为当地年轻人

想要完全成为"X 人格"，并不是一件易事。如果仅仅考虑了一两个小时的话，是无法达到的。

下面，我们一起来尝试一下。

如果将"X 人格"设定为"札幌市的年轻人"的话，怎样才能做到完全变成这个人物呢？

最好的办法是去实地考察一下。"三现主义"（现场、现物、现实）的效力是巨大的。比如，到当地年轻人可能会去的快餐店看看，乘坐一下他们通勤途中可能会搭乘的地铁，到繁华街

表 2-1 "X 人物形象" 的内容

描述项	具体内容
基本信息	☐ 姓名　　☐ 年龄　　☐ 性别　　☐ 婚否 ☐ 居住地　☐ 住宅类型
教育背景、 工作经历	☐ 最终学历　☐ 职务经历　☐ 职业 ☐ 职位　　　☐ 擅长领域　☐ 不擅长领域
人际关系	☐ 朋友、恋人（是怎样的人）☐ 配偶子女 ☐ 家庭成员　☐ 社区
生活方式	☐ 工作日和节假日的时间分配　　☐ 加班 ☐ 晚上时间安排　☐ 节假日如何度过
金钱	☐ 年收入　☐ 储蓄　☐ 花钱理念 ☐ 花钱方式 ☐ 最近买过的东西以及想要的东西
性格、价值观	☐ 性格类型　　☐ 看重什么 ☐ 烦恼　　　　☐ 长处、短处
兴趣	☐ 未来梦想 ☐ 喜欢的书、电影、音乐、品牌等
媒体和通信设备	☐ 通信手段　☐ 社交媒体 ☐ 媒体的使用情况（电视、杂志、报纸、网络） ☐ 持有的通信设备

区走走，到他们可能会去的店铺周围逛逛。去当地看一看、听一听，体验一下他们喜欢吃的食物，通过自己的所见、所闻、所感，你可能会有所收获。

只不过，奔赴当地还是有相当大难度的，所以比较可行的方法是通过网络或者书籍来收集素材。

这样一来，你就会查到很多不知道的事情。随着收集的素材增多，你会发现很多自己感兴趣的事情，说不定你会完全沉浸在这些事情之中。这种方法对于广泛而深入地增加信息很有效，大家可以持续做下去。

不断搜集素材，当用户画像已经丰满起来时，就在大脑中想象这个人物，让他动起来。接下来就到了正式深入考虑人格的阶段。

大家可以跟着这个虚拟人物动起来，去想象一下他一天都怎么度过，其行为和情感如何变化等。这样可以使虚拟人物越来越接近真人。

在故事中加入朋友、家人、邻居、店铺店员等配角，可以深化想象。

"我想买一双最新款的运动鞋，要不要等到下个月促销的时候再买呢？"

不断加上这样的聊天内容，并且注入要表达的想法和情感，比如，吃惊、感慨、悲伤、高兴等。不仅要考虑积极的情绪，还要考虑消极的情绪，要注意到一些难为情、尴尬的细节。

人并不是只思考眼下的事情，人生就像一部小说、一篇回忆录、一场梦。我们可以仔细想一下不同时间、不同地点的人的"举止"和"心理活动"。

并且，事物的专有名称要翔实。地名、车站名、店铺名、生产厂家名、产品类别等要尽量具体，这样可以达到身临其境的效果。

以刚才说的当地年轻人为例，要给他起一个具有时代特点的名字，不要用平淡无奇的"山田太郎"这样的名字。考虑他喜欢的品牌的时候，也要使用现实生活中有人气并且他能买得起的品牌。如果这个年轻人有喜欢的博主，那么必须设定好喜欢的是哪位博主，这位博主都发布什么内容，甚至需要设定哪些内容受大家欢迎。

还有，当他看到不同广告时，会想些什么？当看到经常光顾的便利店的店面，会有什么感受？像这些反应，我们也需要逐一去观察。所以，"X人格"的设定需要非常详细，比如，他是不是使用社交网络？使用频率如何？经常光顾的店铺有哪些？

另外，如果是开发酒精类饮品的话，则需要设定特定的条目。比如，饮酒的时间是什么时候？和谁饮酒？是在什么样的情况下饮酒？对酒的分类，有什么看法？选择品牌的时候，看重哪一点？喜欢的品牌以及喜欢的理由是什么？经常去哪里吃饭？那家店的经营状况如何？有什么样的饮酒史？对酒满意和不满意的点是什么？

如果不仔细设定这些问题的话，到后面就没办法进行探讨和检查。到此，大家可能已经明白，我们要设定的内容体量是非常庞大的！

综上来看，想要让自己完全变成具有某个人格的人，并不是一件简单的事情。但是，这样做可以获得很多信息，所以建议大家尽量设定多个人物，从不同人物的角度来看产品构思和产品方案，可以从不同角度获得启发，去改良产品，提升产品魅力。

模仿多个人物形象，实际上是一件让人非常快乐的事情。我以前开发产品时，有的时候一款产品我会模仿 5 个不同的人。因为我自己非常喜欢做这件事情，所以不会觉得痛苦。但是，这需要在有限的时间内完成，所以确实是一件很辛苦的事情。

（3）设定成动态的人

当具有"X 人格"的人物设定完毕之后，就要去模拟和验证真实生活中的这样的人对产品和创意会做出什么反应，会不会像方案中设想的那样发展，会不会如我们期望的那样露出惊喜的表情。

这时，我们要确认设定好的人物是不是一个能够正常思考、交谈、活动的"动态的人"，如果他是个静态的人，就会缺乏临场反应，达不到验证和检查的效果。

如果设定的人物不能根据场景动起来，没有什么反应，那么就需要重新回到人格设定环节，可能是我们对这个人物的想象还不够充分。

如果能够将具有"X人格"的人物的生活描写得栩栩如生，那肯定会有新发现，据此我们可以想出一些好点子，开发出能够占据未来市场中心的产品。

这并不是预测，也不是胡乱猜测，而是一种"透视"。这样一来，我们就可以"知道他能接受什么样的产品"。让人物像电影中的人一样动起来，就可以听到他的声音，看到他欣喜的表情，猜想出他下一步要做什么。这样才能描绘未来要发生的故事。

（4）"X人格"炼成法

不过，就算要求我们"把自己当成是20来岁的护士"，也不是立刻就能做到的。即便是去采访，很多时候也不知道该从何下手。为了能够多少抓住点头绪，我们在平常生活中就要不断锻炼如何模仿另外一个人。

这方面的训练与足球等体育活动不同，既不需要天赋、能力,也不需要教练和队员。它就和普通的健身一样,一个人就可以做到。

比如:

● 坐电车的时候,观察周围的人。

● 和各式各样的人聊天,并倾听和提问问题,观察他们的说话方式和表情,推测他们的心理和感情。

● 在商业设施和饮食店、等候室的时候,去侧耳倾听。

尤其是,在电车上观察周围的人,你会有很多收获。你可以从他们的穿着、携带的物品、表情和言谈举止等方面获得非常多的信息。

比如,这个人在考资格证书啊!带着饭盒去上班,应该平时是自己做饭吧!应该是个健康意识很强的人吧!包上挂的钥匙链是什么卡通人物呢?根据这些细微的信息,我们联想到的内容会不断丰富。

在人际关系方面,我建议要尽可能地去深挖一些问题。适度地问对方几个"为什么",这样可以深入了解对方的内心,有时候甚至会得出意想不到的结论,所以这样做会很有意思。

大家可以准备几个固定的问题,通过问问题,让采访的内容更加深入。

不同的人问的问题也不一样，我问的问题是"为什么"和"如何做"以及"您对什么感兴趣呢？"如果是和正在公司休息区喝咖啡的同事 A 交谈 5 分钟，可能会发生如下对话：

"原来，你住在中野啊！"

"为什么要住在中野呢？"

"你是如何从中野到公司上班的呢？"

"早上的时候，为什么要在这个时间点出门呢？"

"为什么要坐头节车厢呢？"

"头节车厢有什么有趣的地方吗？"

或许仅仅是通过问这些问题，你就会知道同事 A 很多事情。比如，他早晨早早出门，在公司附近的麦当劳吃完早餐后，为了考取资格证，还会看 40 分钟左右的书。他喜欢坐在头节车厢看司机如何开火车，喜欢铁路摄影，节假日喜欢到处旅游。

想要完全模仿"X 人格"，需要想象力，也需要大量的真实细节。为此，在日常生活需要对别人的生活持有兴趣——当然，前提是不要危害到别人——并且不断提高想象的精确度。

此外，还可以一边看卓别林（Charlie Chaplin）的无声电影，一边自由自在地给电影配音。这种做法可以锻炼瞬间模仿的能力。

　　或者，在不同的社交场合扮演不同的自己，比如让自己变得比平时更加"值得信赖"、"正能量爆棚"、"健谈"或者"沉默寡言"等。大家可以观察和体会一下，如果自己变得和平时不一样的话，会带来什么不同的结果。这种练习就是让自己完全变成另外一个人，变成内涵完全不同的人。

　　如果是在网上，那就更简单了。大家可以极大限度地通过人物形象设定或者利用头像，让自己变成一个和平时完全不同的另一个自己。当然，你也可以展现真实的自己。

13. 极限思维法，让想象力飙升

（1）训练极限思维

给想象力插上"翅膀"。

当想象力拥有了翅膀，想象就会具有无穷的潜能，它会自行奔腾、起舞、自由地在空中翱翔。

在此，我向大家介绍一下我平常亲身实践过的、有点不同寻常的想象力练习法——"极限思维法"。

"极限思维法"就和健身一样，在日常生活工作中养成习惯并不断磨炼是非常重要的。"极限思维法"会越练越强，会让头脑变得灵活，思维能力不断提升。

（2）"如果－怎样（What-If）"分析法

我们可以思考现实中并不存在的问题，并推理出它的结果，以此来锻炼思维能力。

"如果 A（公司、品牌、人）开发了 B（产品、服务）的话，结果会怎么样呢？"

我们可以用"头脑风暴"来思考这个话题，说不定能产生意想不到的好主意。采用"如果 - 怎样（What-If）"分析法来锻炼思维能力时，要尽量找一些意想不到的话题，因为这样才能妙趣横生。如果找不到好话题，也可以使用便利贴来设定话题，具体步骤如下。

步骤 1：罗列出相当于 A 的公司、品牌或人等，并写在便利贴上。

在罗列公司和品牌时，可以将发展势头正盛的企业品牌（比如，人气开始上升的企业，或者推出了独特产品的企业）和发展稳定的龙头品牌放在一起。在罗列人时，要选择一些牛人——我会经常选史蒂夫·乔布斯（Steve Jobs）。这个环节一共罗列 30 至 50 个条目。

步骤 2：罗列出相当于 B 的产品或服务，写到另一种颜色的便利贴上。

围绕自己经手的产品以及相近领域的产品或服务，罗列一些自己感兴趣的，有人气、受关注的，或者人气略有下降的产

品或服务。罗列产品或服务时，找一些直接面向消费者销售
（Business to Consumer），并且自己熟悉的领域，这样可以
便于自己思考。这个环节也是一共罗列 30 至 50 个条目。

步骤 3：从便利贴中分别选出 A 和 B 各一张，然后组合在
一起，并设定问题。又如：

- 如果"特斯拉"生产"啤酒"的话，会怎么样呢？
- 如果"索尼"生产"运动鞋"的话，会怎么样呢？

将便利贴组合在一起，思考进军不同行业的方案和对策，
这样的练习能够无止境地进行下去。当然，也可以不使用便利
贴，整个过程用电脑设计也可以。

等推理出自己信服的结论后，整个过程就完成了。这个方
法可以用来积累对不同问题的看法，也可以用来加深对某个问
题的理解。"如果 – 怎样（What-If）"分析法可以在上班途中
或用餐期间，自己在大脑中随时进行练习。也可以几个人一起
思考，相互分享独到的见解。

"如果 – 怎样（What-If）"分析法就是一种练习方法而已，
没有游戏规则，也没有胜负优劣之分。

如此这般，强制性地将一些"意想不到"的东西组合到一
起，可以为实际创新带来启发。

（3）"超越""极端""逆转"思维法

这种训练方法可以让你想出极其独特的见解。简单来说，就是将自己思考的素材设定到极限状态，使自己的思维发生巨大跳跃，并从中寻找启发。

比如，假定有一款酒，消费者 1 个月只购买 1 次。那么，如果想要增加销售量，我们通常肯定会首先思考"如何才能让顾客 1 个月购买两三次呢"。

然而，按照"超越""极端""逆转"思维法，我们会思考"如何才能让顾客 1 个月购买 1000 次呢？"并且还要反过来思考"要想让顾客 10 年买 1 次的话，该怎么做呢"。

可以让大的东西变小，让少的东西变多。如果想成为世界上最小的，那就让它的大小变成原来的 1%；想成为最多的，就把数量由原来的 100% 变为 1000%。这种方法就是将主与从、原因与结果、表面与内在、上与下、自己与对方等相对的两方调换一下位置。

将程度设定到极限状态，用"超越""极端""逆转"的思维方式去思考办法。

"如果顾客 1 个月购买 1000 次，就需要喝 1000 瓶这种酒。但是，1 个月内不可能喝 1000 瓶酒，所以喝不完的酒就需要存起来。那么，我们就需要考虑什么样的酒瓶便于保存，或者需要增加什么服务。这样说来，是不是可以在公寓地下安放一个居民专用的大型冰箱，或者推出一些保存和外卖派送服务呢？"

就像这样，如果将思考的内容进行极限加工，那么思考问题的底层逻辑就会被改变。当被要求"将销售量提高到现在的1万倍"的时候，通常我们不会只想"再增加一点广告"，因为我们明白如果没有更加有力的超常办法，就不可能将销售量提高1万倍，所以思考的维度发生了变化。

可能有人会担心，如果思考问题的底层逻辑发生极端变化的话，会不会偏离原来的问题呢？其实，这种担心是多余的。在这个过程中肯定能找到办法解决原来的问题，就如同在刚才的例子中，我们就找到了"新服务"这个关键词。如果推出订购和外卖服务之后，实现了顾客1周买1次的目标的话，就已经让人十分欣喜了！

如上所述，当改变思考问题的底层逻辑后，我们会看到问题出自何处，瓶颈是什么，必须突破什么难关，看清一些以前没有意识到的问题。当你用平常的做法想不出超级好办法的时候，不妨试试我介绍的这个做法。

第 3 章
写策划书打磨产品

制作策划书不是为了提出开发方案，而是为了打磨产品。
用 5 种技巧修改策划书，打造更优质的产品。

CHAPTER 3

14. 写一个给自己看的策划书

（1）写策划书的四个步骤

虽然我们要写的是产品开发策划书，但是如果策划书只是记录了自己想开发的产品以及突然闪现的想法，那就不是真正意义上的策划书，只能算是单纯的构思简介。

那么，写策划书的目的是什么呢？

写策划书是为了让人读了之后就能行动起来，是为了传达自己的意图，让对方与自己一起开展工作，或者获得出乎意料的意见或观点。

如果你是想把它作为原案让大家讨论的话，就要想办法让阅读它的人开动脑筋，提出更有意思的方案。

如果你是为了得到老板的许可，那就需要添加一些令他坚信会成功的内容素材，以便他能够当即拍板执行。

"你要写给谁看？"

"你想让对方做出什么样的行动？"

理清这些问题之后，可以把策划书的制作过程分为以下 4
个步骤（图 3-1）：

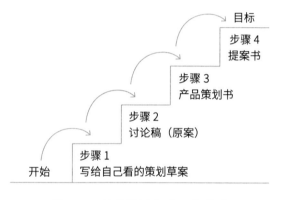

图 3-1　制作策划书的 4 个步骤

步骤 1　写给自己看的策划草案

将头脑中的创意和构想（空想、妄想）等用语言、图画、
概念图的形式记录下来。这一步骤是为了方便自己整理想法、
发散思维、扩充内容等。

步骤 2　讨论稿（原案）

这一步骤是为了方便大家一起讨论或者听听身边的人的意
见，以及和团队成员一起打造更好的方案。

步骤 3　产品策划书

这一步骤是为了给上司、同一部门的人、其他部门的人以及公司外部的创作者看，用来说明产品概念、规格、特征和市场营销策略等内容。各项要素已经基本完成，要整理得简洁易懂。

步骤 4　提案书

这样的策划书是用来获得管理层的正式认可。这是在公司内部或客户面前说明企划方案时使用的资料，其内容包括对方做决策时所需的信息、具体的试制方案、成本估算、面临的课题等。

就如上文所说，随着产品开发工作的不断推进，策划书承载的目的会逐步发生变化（图 3-2）。

不同的行业或机构，其制作策划书的过程也会有所不同。以我为例，我在写新产品策划书时，在第一个步骤"写给自己看的策划草案"上花费的时间最多，我认为写策划草案是产品开发的第一步。

接下来，我给大家讲一下如何制作"写给自己看的策划草案"。

（2）保存各个版本，有的创意会在复活赛中大放异彩

写策划草案给自己看，也是为了整理自己的想法。要把头

步骤1 写给自己看的策划草案

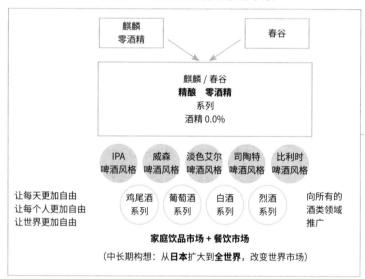

步骤3 产品策划书

产品名称	麒麟精酿零酒精 —— IPA 啤酒风格 —— KIRIN CRAFT FREE
理念	100% 不含酒精、口感醇厚的精酿啤酒
客户群	主要客户群：喜欢精酿啤酒或奢华啤酒的 30 多岁的顾客 次级客户群：除了喝啤酒，还喜欢喝葡萄酒、日本白酒、嗨棒等不同类型的酒的人（20~59 岁的顾客）
产品特征、规格、领域	● 类似于 IPA（印度爱尔啤酒）奢华浓烈的啤酒花香；苦味和甜味相互交织，酒体醇厚、回味无穷；首款具有精酿啤酒风格的无酒精啤酒饮品 ● 可以直接畅饮，也可以在各类餐桌上与肉类或味浓香醇的菜品搭配饮用的全能型佐餐酒 ● 采用麒麟啤酒花技术（已取得专利），采纳"春谷"顾客的真知灼见，为顾客带来味蕾的终极体验
市场营销基本方针	● 通过电视、报纸、杂志、交通广告、社交平台、网络媒体等大众传媒以及舆论宣传，在初期让品牌认知度达到 50%（广告代言人：XXXX、XXX） ● 通过饮食市场渠道扩大产品认知度，开展品牌宣传活动推动顾客体验
销售渠道、区域	全国家庭饮品市场、餐饮市场
销售目标	10 万箱（20XX 年度） ※ 中长期目标：年销售量争取达到 50 万箱
产品发布日、发售日	20XX 年 3 月 20 日全国统一发售（产品发布日为 1 月上旬）
制造工厂、容器	横滨工厂 350 毫升 / 罐、330 毫升 / 小瓶、15 升 / 大桶（餐饮店专用）

图 3-2 策划书的制作过程

步骤 2　讨论稿（原案）

目标
实现自由选择

麒麟的内涵：对生命的敬畏、精工细作、创新

春谷 × 麒麟零酒精

（执着、独创、芳醇、共创）　（零酒精、先驱、麒麟啤酒花技术）

不管何时
不管何地
不管和谁
不管搭配什么
菜品
任何场合
任何成年人
＝
"自由选择"
不含酒精的
精酿啤酒！
↓
顾客可以自由选择！
↓
让世界充满自由！

麒麟
精酿　零酒精

—IPA 啤酒风格—
Alc.0.0%

未来品牌延伸（6 款 + 特定啤酒酒液）

销售渠道	容器
代理商、百货商店	瓶
综合商店	罐
电商平台	瓶
熟食店	罐
外卖	塑料啤酒桶
日式餐饮店	大桶
西餐馆	大瓶
家庭订购	塑料啤酒桶

威森啤酒风格　淡色艾尔啤酒风格　司陶特啤酒风格　比利时啤酒风格　赛松啤酒风格　霞多丽葡萄酒　纯米吟酿日本白酒风格　勃艮第葡萄酒风格

精酿啤酒、直饮酒、葡萄酒、日本白酒……能否在所有酒类饮品的中心地带创造一个"自由区域（临时称谓）"？

标志性的零酒精酒吧
「0.0（Zero-point-zero）Tokyo」
→在纽约、巴黎、伦敦、新加坡市等世界级城市建立啤酒基地

步骤 4　提案书

产品名称	**麒麟精酿零酒精 ——IPA 啤酒风格——**	**KIRIN CRAFT FREE Alc.0.0%**
理念	口感醇厚的精酿啤酒	
客户群	喜欢喝啤酒、葡萄酒、日本白酒、嗨棒等不同类型的酒的人（20~59 岁的顾客）	◆ 包装设计方案
产品特征与规格	● 具有 IPA 啤酒的奢华和浓烈的啤酒花香，酒体醇厚，回味无穷 ● 首款具有精酿啤酒风格的无酒精啤酒饮品 ● 可以直接与各种菜品搭配饮用，是一款全能型零酒精佐餐酒 ● 采用麒麟啤酒花专利技术，并且通过和"春谷"顾客的啤酒共创，为顾客带来味蕾的终极体验	精酿 零酒精 IPA TASTE Alc 0.0%
市场营销方针	通过电视、报纸、杂志、交通广告、社交平台等大众传媒以及舆论宣传，在早期让品牌认知度达到 50%（电视广告总收视点达到每年 10000，广告代言人：XXXX、XXX）	◆ 电视广告代言人
销售渠道	全国家庭饮品市场、餐饮市场	
发售日期	20XX 年 3 月 20 日全国统一发售	
容器与价格	350 毫升 / 罐 XXX 元、330 毫升 / 小瓶 XXX 元、大桶 XXX 元	

注：这是虚构的策划书案例。

脑中的构思拿出来，站在客观的角度审视一下，我们要通过策划草案清晰地展示整体和各个要素之间的关系（图3-3）。

图 3-3　写给自己看的策划草案

写策划草案的时候，不要拘泥于条条框框，最好想到什么就写什么，不停地写下去，排版乱一点也没关系。

不过，有两条规则一定要遵守。

第一，一定要写上日期。

第二，不要覆盖原有文字。

这是因为你留下的不同版本的策划草案可以展现你思考的变化过程，将来可以有效利用一度被废弃的策划草案。

要想让策划草案变得一目了然，往往会经过曲折漫长的道路，需要反复试错。那些曾被删掉的语言或者被舍弃的创意，当你在别的构思或文案中再次用到的时候，也有可能会突然大放异彩。

实际上，我也经常翻看几年前的策划草案，有时候会从以前的策划草案中获得有利于新策划方案的启示或者前景规划思路，并将其整合到最新策划方案中。

在数字环境下制作策划草案时，也不要删除或覆盖旧文档，可以添加日期和版本号，重新命名保存，以便查看历史记录。

（3）牢记要向别人传达

即使是写给自己看的策划草案，也要以会被别人看到为前提。这样你才会全力以赴，工作热情也会大幅度提高。

后面我会再详细说明，当你感到策划草案"初具雏形"了，就可以向身边值得信任的人询问意见了。

给别人看一下策划草案，就能够收获各种各样的看法和理解方式，这一点不言而喻。每个人的感想都截然不同，感兴趣的点、提问的角度、眼界和水平也都大不相同。

"怎样写才能让所有人都明白我的意思呢？"

"别人不理解，是因为策划草案里缺少了什么呢？"

"是策划草案本身没有魅力，还是视角和呈现方式不好呢？"

给别人看看自己的策划草案，你才能清楚"策划草案中哪一部分被理解了，哪一部分没被理解"。

即使反响平平，也不能灰心丧气、受伤难过。通过这一系列工作，你想寻求的是"怎样才能更加有效地传达产品的特征和魅力，怎样才能让未来市场和发展前景更具有吸引力"。让别人评价自己的策划草案，正是为了获得这个问题的相关启示。无论被指出缺点，还是受到批评，都要当作是宝贵的启示和鼓励，要怀着一颗感恩的心接受这些评价。

15. 开始写作的五个秘诀

（1）内心触动之时就是机遇来临之际

无论工作还是学习，最难的是"迈出第一步"。已经思考了很多次，心里觉得一清二楚，动手做起来却很难。然而，如果不能克服这个困难，你就无法前进。一般来说，以下情况会激发我写策划书的热情。

水满则溢，人的思考活动也是同样的道理，如果持续输入信息，那么就一定会想输出自己的看法。

我在前文中跟大家讲过信息输入的重要性，如果通过信息输入增强体内能量，那么时机成熟的时候就会引爆"想写策划书的念头"。各种各样的构思如潮水般涌来，让你心痒难耐，无法克制想写策划书的念头。如果不做笔记，那些想法就会一个个溜走。哪怕只是关键词，你也要先写下来。

特别是当你的内心受到触动，迸发出强烈的情感和冲动的时候，就越发想写点东西。

前面讲过，开发"麒麟零酒精啤酒"的契机源于一场惨烈的酒驾事故，还有一个因素又在背后推了一把，促使我开始写策划书。

那就是一部名为《伤追人》（2007年公映，导演是盐屋俊）的电影。影片是根据真实故事改编而成，讲述的是一场酒驾事故夺走了一位母亲的独生子，这位母亲饱尝了绝望与痛苦之后，通过努力，最终促进了"危险驾驶致死伤罪"法律条文的形成。

被酒驾夺走的生命，遗属的悲伤和无尽的痛苦，还有肇事者的痛苦。目睹这一切之后，有一天，我便提笔写起了策划书。

并非只有悲伤和不满才能成为契机。当你感到高兴和幸福时，当你找到人生中重要的东西时，当你遇到为社会努力奉献的人时，当你看到信念坚定的人时，内心就会被打动。不管怎样，当你的内心受到触动的那一瞬间就是机遇。

（2）利用上司为自己设定截止日期

这是谁都能用的方法。就好比不要等到暑假的最后一天才开始做作业，要自己设定一个截止日期，营造必须开始写作业的氛围，强迫自己去做。

如果你想让别人为你的策划书出主意，见到他之后你就和他做这样的约定吧。

"我有点事想和您商量。担心您很忙，下下个周能不能麻烦您抽一点时间出来？"

即使策划书还达不到拿给别人看的程度，也要拿出来听听别人的意见。如果你只是茫然地想"近期我要总结成策划方案……"，但是不积极行动的话，那些构思就可能会消失。

要想输出自己的想法，那么不管你是否愿意，首先需要创造"不得不输出想法的环境"。

如果你和上司或者地位稍微高一点的人做了约定，那就没办法说"不好意思，还是算了吧"，也很难往后推迟，必须马上动手写。

（3）尝试写十分钟

偏偏在必须动笔写的时候，脑子里却一片空白。没心情写，不想写。这种时候，你要试着向自己发出号令："先写十分钟！"

"先在网上查一查再写吧。"
"找到那个资料之后再写吧。"

这些准备工作都可以往后推，此时需要把岔道和退路都斩断。总之，要尝试动手写策划书，哪怕先写十分钟也可以。

有可能在准备动手写的那一刻还觉得写不出来，可是回过神来时已经马力全开。有时写着写着一两个小时就飞快地过去了。不需要有"先想想如何调动干劲"之类的天真想法，建议大家先尝试着写十分钟，其他事情一概不做。

（4）不追求精度和完美

一旦你想写得好一点、写得高大上一点，就可能会写不下去。

打磨完成度，那是到后面才需要做的事情。不要一开始就追求精品，首先试着写出来。

产品开发也是"语言开发"，是一个寻找最合适的语言、不断试错的过程。正如打棒球时不会第一棒就打出好球那样，第一稿几乎不可能写出完美的语言。如果拿不准如何表达，可以临时找个词放在那里，先完成一个粗略的框架。

"总觉得词不达意""写出来的东西和自己想的有差距"，即使使用的词语有点不尽如人意，也要暂且忍耐。经过苦思冥想，总有一天会找到你想要的词语。

先试着动手写一写，这是很重要的。

（5）借助环境，进入创新模式

要想让自己长时间专注于写策划书，还要注意写作环境。

桌子上不要摆放多余的东西，要收拾干净；手机翻过来放（或者关闭信息通知提示）；电脑桌面上不要显示多余的东西；关闭邮件和通信软件；如果是在家办公，要选一个合适的场所，不要让吸引你的注意或者让你担心的东西进入视野（比如突然想起来"糟糕，我得做 XX"），这一点也很重要。

一旦因为某些因素分散精力的话，要想让注意力回到原来的事情上，需要花费十分钟时间。如果这种情况反复出现，时间就会白白浪费掉。

另外，有人说"创意是在创造性空间中诞生的"，事实确实如此，所以世界上有很多公司采用了时髦的室内装饰，设置了艺术空间。对公司来说，激发员工的创新能力是公司必然要做的事情，因为这样做确实有利于公司的发展。

话虽如此，工作场所却无法轻易更改。如果你的办公室不是那种创造性空间，那你就要找一个尽量能够激发自己的创新能力的地方，比如时髦的休息区、风景优美的场所、联合办公空间、咖啡厅等。

另外，在选购书写工具和数码工具时，索性多花点钱选择那些设计新颖和使用舒适的产品。虽然这都是一些琐碎的事，却很有效果。我们可以通过环境暗示自己"我就是一个有创造力的人"。

16. 写策划书用到的七个工具

（1）我喜爱的工具

我有一个习惯，无论做什么事，都喜欢先从形式开始。写策划书的时候，也要用上我喜爱的工具（图 3-4）。

图 3-4　我喜爱的工具

我主要是在"写给自己看的策划草案"的写作阶段对工具

的要求比较高。

在这个阶段，为了创造出连自己都没有见过的"新事物"，就必须让大脑全速运转起来。所以，我希望那些工具也能助我一臂之力。

一开始先用纸和笔写出来，我基本上先是在纸上手绘，等到写得很成熟的时候再使用 PPT 演示文稿和 Word 文档。

我非常喜欢数码设备，几十年来几乎没有一天不接触键盘。但是，写策划书的时候，我第一步还是在纸上手绘。

这是我绝对不会放弃的个人原则。

工具 1　铅笔

将笔芯较软的铅笔削粗一点备用。这样通过调整用力程度和角度，既能写出粗黑的文字，也能写出比较淡的文字。我还喜欢用直径 2 毫米左右的粗笔芯自动铅笔。这些笔也适合一边思考一边写写画画。

工具 2　可擦中性笔

使用百乐（Pilot）的可擦中性笔，能够随处添加或修改琐碎的构思。较粗且书写顺滑的 0.7 毫米笔芯适合用来写策划书。我喜欢那种蓝黑色墨水，有点类似钢笔的那种有光泽的色调。这款笔的书写手感非常舒适。

顺便说一下，平时我喜欢把替芯塞进凌美（Lamy）中性笔的笔杆里使用。由于长度不同，我塞了点东西，自己动手改造了一下，创新的感觉就出来了（图 3-5）。

图 3-5　自制中性笔

工具 3　记号笔和书法笔

可以用来写放在策划书中央的文字或者表示重要概念的词语，也适合用来增强创意感。我用的记号笔是斑马（Zebra）品牌的，书法笔是吴竹（Kuretake）品牌的。有时候走一下时髦路线，尝试成为艺术家的感觉，有时候试着写一些接地气的有人情味的文字。策划方案要带有氛围感、情感、表情和艺术性。

改变书写工具后，不只是书写内容，思维方式也会发生变化。换一支笔，进一步打磨策划书，也不失为一个好办法。

工具 4　网格纸

当我想用一张纸就写好策划书的时候，我会使用网格纸。因为文字大多需要写进格子里，有淡淡的细方格的话，书写起来比较方便。网格还有一个好处，就是容易居中对齐、统一行距。把网格纸摆在面前，我就会更想在这个空间中按照逻辑来表达策划方案的整体面貌和概念。

工具 5　较粗的横线稿纸

我会在横线稿纸上不断地写下自己的想法。我喜欢用粗横线的稿纸，不过我不会太在意横线，写得乱一点也没关系。除了市面上销售的稿纸，我还经常使用公司或广告代理商的内部便签，我会根据主题和心情选择稿纸。

工具 6　笔记本

笔记本我用的是魔力斯奇那（Moleskine）公司的"大号硬皮本（黑色）"的网格款。一本将近 3000 日元，稍微有点贵，但是不管是随身携带还是摆在桌上，打开它的那一瞬间都会心中充满期待，干劲十足，所以就会产生写出自己想法的冲动。因此，我觉得这款笔记本的性价比挺高的。在上面写出构思的过程，就像是"在储存将来会闪闪发光的原矿石"一样，这一点我很满意。而且，这款笔记本制作精良，可以放在书架上长期保存。

如果想到了很好的创意，我也不会吝惜纸张，会只使用笔记本右侧的纸张。之所以这样做，是因为我写到后面往往还想添加内容、补充或修改创意。此时如果页面上挤满了文字，就没有空间继续写了。同时，左边的纸空出来的话，也便于以后再回过头来找写过的策划内容。

工具 7　文件夹（单个文件夹）

整理策划书时，我使用国誉（Kokuyo）的单个文件夹。它是用厚纸对折而成的，只要不断地把文件塞进去就可以（图 3-6）。

图 3-6　国誉文件夹

我准备了两种文件夹，一种专门用于自己写的策划书，另一种用来永久性保存别人的创意便签和优秀的策划书。

一般情况下，我大多根据项目和不同的主题或类别、时间顺序进行区分，只有策划草案会特殊对待。我特意把多个项目的策划草案收纳在一起，让文件夹内部保持"创意大杂烩"的状态。

有时候我心想"对了，那个策划案中的创意也许有参考价值，拿出来看看吧"，但是当我想要拿出 A 策划书来，不经意间看到了 G 策划书中的创意，结果就被它吸引住了……这种偶然的邂逅时有发生。

（2）选择数码工具时注重"简便"

当构思基本成形的时候，就把策划书做成电子版。

此时用的是 PPT 和 Word 的"纯白无底纹的背景模板"。基本做法和手写差不多，并且大约九成要从头做起。

字体选用明瞭体（Meiryo），根据内容不同，使用 24 到 60 磅的字号。前面说过，换一支笔，想法就会改变，同样的道理，如果想让构思变得丰富，也可以尝试改变文字的字体、字号和颜色。

除了上面提到的我在写策划书时用到的 7 个工具，电子便签也不可或缺。

在制作策划书时，我最常用的是印象笔记（Evernote）。它就像一个秘书，不仅可以记录和积累创意，还能够管理项目的进展、待办事项等。将拍摄的图片（代替笔记）和感兴趣的网页截图保存的话，随时都能查看。而且，它还可以将信息源整理好保存起来，能够减轻你以后的负担。你还可以和团队成员或外部的相关人员共享。另外，可以检索 PDF 和照片等图片中的文字，这个功能也非常实用。

如果你坐电车或者出行途中想到了一些创意，想用单词或者短文记录下来的时候，可以使用手机自带的便签应用程序，非常简便。

一般来说，我会尽可能地把信息储存在云端，以便随时在任何设备上都能阅览和编辑。

我把笔记类的服务软件都尝试了一遍，现在的工作形式已经固定下来了。数码工具的用途和方便程度各不相同，大家可以摸索一下，找到适合自己的用法。

17. 在白纸上写下一行字

（1）在白纸上不断写下新的文字

终于到了开始写策划书的时候，经过草案阶段的反复尝试，现在我们要开启新的阶段了。你的大脑已经工作到极限了，是时候让它恢复一下精神了。

我会换一种崭新的心情，一边体会动笔修改时的兴奋，一边从白纸的正中央开始写起。

关于文字的布局，我并没有制定什么书写规则，但是从结果来看还是有一些偏好（图 3-7）。

中央：在白纸的中央写下主要（核心）内容。可以的话只写 1 行，最多 3 行。

上边：这个位置写主要的上位词①、口号、有魅力的广告词

———————————

① 上位词是指概念上外延更广的主题词。——编者注

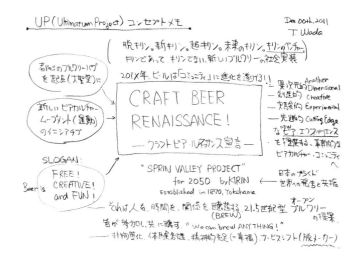

图 3-7　重新制作的策划书

和策划书的标题，还有对于公司的意义等。

下边：用于补充或充实内容、规格和特长等详细信息，也可以分条列举、画图说明。

左右两边及四个角的位置：写下相关要素及派生要素，以及会进一步发展或延伸的创意。用箭头标明因果关系，以及经过一段时间之后可能引发的效果。

多数情况下我会从纸的中央向外写，不过当出现下面的情况时，我会从最上面直接往下写（竖版的话就是从右向左写）。

● 当大脑中的构思和体系等需要写的内容都整理好了的时候。这时候，有逻辑地从上往下写比随意布局更容易理解。

- 当我想用比较完整的文章表达策划的主旨或背景时。
- 当我想用抒情诗或散文诗那样流畅而富于情感的文字表达时。

我觉得每个人都有自己喜欢的写法或者擅长的写法。首先要自由大胆地写出来，看看哪种形式最能有效传达策划内容。

我早期写的策划书中常常包含着一些不想让别人看到的高昂情感和羞于展现给别人的内心独白。

即使感到难为情，大家也一定要写出自己的雄心壮志，然后，将心中描绘的事情逐步变为现实。

（2）用自己的语言撰写

当我们上网、看报、读商务书籍时，会被一些令人拍案叫绝的想法或语言所吸引，觉得"这里写得真妙"或者"这个想法可行"。

把那些文字记录下来没有任何问题，确切地说，这是日常信息输入的一种方式。

但是，如果未经消化就直接把它作为自己的语言使用，那它终归是借来的语言。而且，这样反倒会让自己的核心部分变得模糊。

如果策划书中的语言表达不是来自自己的感悟，策划书就没有什么魅力，因为你是用的别人的想法。如果策划书中使用的语言表达不是从自己的大脑里直接想出来的，那就不会有原创性和说服力。遇到好听的语言就想使用，我也明白这种心情。但是，如果埋没了自己的语言中产生的原创性和力量，就等于赔了夫人又折兵。

如果遇到了有魅力的语言，掀起了你心中的波澜，请一定要三思而后行。

（3）叠加修饰成分是毫无意义的

有时候我们因为太贪心，在策划书中强行塞入很多内容，写的东西太多，反而让人看不到最重要的部分，我自己也经常犯这种错（图 3-8）。

最理想的做法是，只用一个词就能让顾客明白这是什么产品。

具有代表性的一个例子就是可口可乐。当你听到"畅爽"时，很容易联想到"可口可乐"吧。"畅爽"是可口可乐的标志性口感。

如果你再加上"健康且味道浓郁"的话会怎么样呢？

"口感清爽吗？""健康的话好喝吗？"——这些修饰成分互相冲突，会让顾客疑惑不解。最终可能会导致购买产品的人减少。

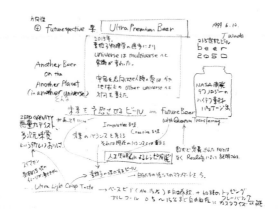

图 3-8　不好的策划书（修饰成分太多、过于抽象、令人费解）

如果你想添加词语，就需要从别的角度动一下脑筋。例如，尝试以名词结束句子，或者在句末添加一些助词，使其增添余韵和内涵。如果把句尾的敬体表达换成简体，就会给人一种强有力的印象。反之，也可以用礼貌的语气塑造温和的形象。只是稍微改换一下语言表达，给人的感觉就会大不相同。

另外，当我看到页面上有空白时，就会产生一种强烈的冲动："我想在这里再加一个词！"一旦那样做了，就只是增加了一个修饰词，效果为零。因此，这时候要努力忍住。

说到底，如果你东拼西凑地写了很多内容，这也正说明你缺乏关键性的创意。因为核心内容没有定下来，你才会想方设法添加别的内容进行补救。

最糟糕的情况是一份单薄的策划中充满了形容词和比较级（更为、更加、尤为等），却看不到名词和绝对级。当然，没有人会故意写这样的策划书，但是往往最终还是写成这样，所以需要多加注意。

理想的做法是不使用修饰词，将想说的话"名词化"。

例如，在写"冰结"（发售之初叫"冰结果汁"）的策划书时，作为产品名称的名词"冰结果汁"就稳稳地占据了策划书的中央。

大家在写策划书的时候，要删掉多余的修饰词，找到无可替代的"终极词语"。

策划书中的语句全部由"必不可少的词语"组成。如果别人觉得你的策划只是将想法杂乱无章地拼凑到了一起而已，那就干脆把它扔到垃圾箱里。写策划书的时候要记住：简单的就是最好的。

当词语过多的时候，你要对每一个词斟酌一下："没有这个词的话，这个策划方案真的不成立吗？"

舍弃努力想出来的词语和创意，是一件痛苦的事。

在选择取舍时忍痛放弃的内容，一定要保存在某个地方，不要完全删除。因为往往以后会用到，或者能起到参考作用。

我一般将其保存在纸质文件夹内，或者名为"停车场（Parking lot）"的数据空间内。

（4）添加辅助图或插图，涂鸦也可以

如果有用文字难以解释的概念和设计方面的内容（也包含形状和感触），我会在策划书中添加辅助图或插图。

应该都有所体会，通过视觉进行沟通的速度要比文字快几十倍。即使看起来像涂鸦一样的简单插图，效果也是巨大的。

你可以将一些能够让你联想到某种场景的素描摆在身边，例如人的脸、手和一些小物件的素描，营造一种世界观，这样做也很有效。

如果你想打造一款"生鲜预调鸡尾酒"，表现出类似喝生啤的感觉，就可以画一幅从啤酒机中流出预调鸡尾酒的画，提高"新鲜感"和"临场感"。

再举一个例子，如果市场上的大多数产品都是金属质地的，而且尖锐锋利，而你策划的产品是圆形或流线型的，材质是木质或树脂的，那么你就画一幅形象素描，对方瞬间就会明白"这是前所未有的东西"。

策划书的视觉图并非用于设计实际销售的产品，也不是为了打广告，而是为了将构思展现到纸面上，确认或发现它的有效性。为了进一步明确产品概念，使其更具魅力，更有效地传达意图，你可以发挥想象力，在纸上不断地画下去。

不过，如果你画工还不错，有一定的精准度，那么你画的

图就可能会被误认为是产品的设计方案。请记住：你的画只是
为了辅助说明你的"想法和产品概念"，要画得简单一点。

老实说，我的画属于涂鸦水平。尽管如此，当我画出来的
时候，就感觉头脑中的构思更贴近现实了，觉得我还能进一步
拓展自己的思维。如果用这种程度的素描无法向对方传达的话，
说明很有可能是你的构思本身还不完善。

另外，你可以使用纵横两条轴线表示产品定位和市场变化的
位置关系，制作一个简单的图表，也可以灵活运用比较一览表，
这样的策划书也比较容易理解（图 3-9）。

如果你写不出来全新的策划书，或者想不到核心词语，那
可以试着用这种模式写一下。在这个过程中，你也有可能会有
新的发现，遇到你苦苦寻求的那一行字。

此外，如果是推出系列产品，制作成并排的视觉图会显得
一目了然。同样，如果将成对的产品用视觉图进行对比的话，
概念就更容易让人理解，还能发现需要改进或修正的地方。

虽然最终的策划案只有文字，但是在制作过程中，需要你
试着探索最容易将创意和魅力传达给别人的方法。

1999.02.10
T.Wada

日向
啤酒

日向啤酒（HiNaTa）是麒麟锐意开拓的品牌，它一改啤酒中的传统元素，它会促使新客户群（尤其是女性和注重享受生活的人）做出积极的选择。作为全新啤酒，它会提供全新元素，让顾客体会到前所未有的魅力。这就是日向啤酒的市场构想和使命。

很多人都认为啤酒最近没什么新意。相似的厂家，相似的研发人员，开发着口感相似、缺乏个性的新产品，并且最终能存活下来的也是那些没什么差异的常见品牌。就是这种循环过程让啤酒变得没什么新意。不管是厂家，还是顾客，都对这种状况无可奈何，甚至不再抱有期望。

但是这期间，消费者不停地产生新诉求。

麒麟正在渐渐增添新意。我们应该重视整个社会（一部分）的评价。

现在，麒麟应该做的事情是满足消费者产生的新诉求，或者在具体的产品中体现出具有前瞻性的想法。

让啤酒更具新意！要敢于质疑此前的常识！要去预测新生活！

这很可能就是麒麟的未来。

普通啤酒	日向啤酒
一群人、热热闹闹、开朗、朝气蓬勃	一个人、和妻子，或者和一位朋友、休闲
晚饭、洗完澡之后	节假日的白天（11—17 点）、也可以在室外
主要是为了犒赏自己	主要是为了放松、不一定和犒赏有关系
润喉、快速、冰镇、苦味	华贵的香气、常温也好喝、不苦、时间
搭配下酒菜、啤酒是主角	不需要下酒菜、休息的时候顺便喝一点
适合中餐、西餐和日本料理（尤其是肉类、鱼类）	也适合在吃甜点的时候饮用，适合搭配意大利面和面包等

图 3-9　初期阶段使用比较表的策划草案

18. 使创意结晶，并进一步打磨

（1）基于顾客视角研究产品概念——"麒麟零酒精啤酒"是什么

所谓"产品概念"，是指尽量用简短的文章清晰易懂地表达产品的特征、魅力和价值，类似产品的设计图。

产品制作方在设计产品概念的时候，难免想要啰里啰唆地讲述自己的产品的优越特征。然而，顾客真正想了解的是"对我来说有什么好处"。除此之外，你想传达的"特征和属性"没有任何意义。

正因为如此，从开发的初期阶段开始，我们就必须把"产品为顾客带来的利益"放在产品概念的核心位置。

当初开发"麒麟零酒精啤酒"时，完全不含酒精的啤酒风味饮品属于创新性产品，在全世界任何地方都找不到。因此，我本想以"全球首款零酒精啤酒"为核心概念进行宣传。

然而，根据在开发阶段对消费者进行采访的结果，我发现从顾客那里没有得到我们期待的反应。

他们的心情是这样的：

"它是全球首款零酒精啤酒，这一点我很清楚了。可是，这和我没什么关系！"

也就是说，我发现如果不向顾客传达"这个产品有什么用""对你来说有什么好处""社会将发生什么样的变化"的话，就很难让顾客意识到产品的魅力和它带来的利益。

最终我们发售时选择的广告词是"再无酒驾"，将利益和愿景甚至存在的意义都很好地传达给了顾客，结果成了爆款产品。

该产品之所以火爆，是因为顾客对产品的愿景感到吃惊，同时又产生了共鸣，发自内心地愿意给予支持。只靠"全球首款零酒精啤酒"的标语，是绝对无法实现这个目标的。

无论多么富有创新性的产品，如果只把目光放在企业和产品上，就往往得不到顾客的共鸣和支持。

一旦顾客感觉"那又怎么样？跟我没关系啊"，即使你的产品再好，也会立马出局。

尤其是煞费苦心开发的新产品和做好充分准备投入的市场推广型（Product Out）产品容易陷入这样的"圈套"。因为你越有自信，越容易看不清周围的需求。所以，当你觉得进展得很顺利的时候，更应该站在顾客的角度反复思考，重新认识。

每次修改产品概念的时候，都要先让自己的大脑恢复到一片空白的状态，然后从接受方的角度重新思考一遍。

（2）找到一个核心词

我在前文中已经说过，在这里再跟大家确认一下。

产品开发需要"开发词语"，需要找到一个独一无二的词。

大家应该去彻底寻求一个核心词。这个词最好是独特的，而且让人感到熟悉和亲切，将来有一天很可能会发展成为"专有名词"的词。

当你找到这个词的时候，不仅要将它应用到产品的说明和广告词中，而且在给产品命名时也要使用它，这是最理想的做法。

这样的最强词语可以开创一个新领域，成为某类产品的代名词。

如果没有日清食品的"杯面"，就不存在现在的桶装方便面市场。正如大家所熟知的那样，它是一款划时代的产品，在原来的袋装方便面的基础上实现了飞跃，作为一款产品出现在市场上。

"杯面"甚至改变了日本人的饮食习惯，它像快餐一样可以站着吃，因此我们不难理解"杯面"为什么能成为超长期畅销产品，累计销售量达到了 500 亿份。

另外，"宅急便""智能马桶""创可贴"也是同样的情况。我们的目标是找到一个这样的词，当别人提到某一领域的东西时就会用它来形容，比如"XX 类物品""XX 系的东西"。

而且，我们还要有意识地寻找适用于各种行业的通用词语，不要局限于某个范畴。

一个很有代表性的例子就是"OFF"，用来表示去除的意思，一开始用于"糖分 OFF""热量 OFF"等词，表示低糖低卡的产品，后来随着人们健康意识的提高，在各种酒水、饮料、食品领域中使用的频率也高了起来。这个词最早是"淡丽绿标"开始使用的，随着使用范围不断扩大，可以说现在已经成为一个大领域。而且，甚至还波及了表达情感、心情的领域，比如出现了 ON（开启上班模式）和 OFF（进入休息模式），以及表示心情放松的"OFF 心情"等语言表达。

最近还出现了一个例子，就是"精酿"这个词。这个词原本用于"精酿啤酒"，在"春谷啤酒坊"的带动下在日本国内普及并固定了下来，然后不断向其他领域扩散。

还有"治愈系"这个词。它已经成为给人们带来安慰和放松的人和事物的代名词，例如"治愈系偶像""治愈系角色""治愈系室内装饰"等。后来它也开始被用于饮品和食品，出现了"治愈系饮品"和"治愈系冰激凌"等产品。

当一个词跨越了不同的领域，被应用于各种各样的场合时，它就会拥有强大的力量。如果仔细观察一下这些词，你就会发现它们有一个共同点，那就是都包含通过感觉和情绪打动人的元素。

OFF= 放心，喜悦。

精酿 = 花费了大量的时间和精力，温馨，有益健康、环保。

治愈系 = 暖心，让人放松。

这一类词语体现了时代趋势或者超级大趋势，在广阔的市场上不断扩展，所以大家可以思考一下这些词语以及其中的情感元素，从中寻找一些开发词语的启示。

（3）一秒传达自己的想法

- 写得很认真，但是理解起来很费时间！
- 内容看起来高大上，但是如果没有人解释一下，就无法理解要表达什么！

如果出现这种情况，那就说明产品概念没有发挥效力。

产品概念需要简单明了，能够让人瞬间理解。

然而，要简洁地表述内心微小的悸动或者细腻的想法，那还是不容易的。如果想快速传达这些东西，你就需要充分调动想象力。

"是谁，以什么样的心情，在什么样的状况下使用？"——这在营销领域称为产品的"定位"，我们要描述这些真实的、具有代表性的使用场景，并将其应用到产品概念中。

在开发"冰结"时，开发团队的一名女性成员说："我想制造一款女性在公共场合喝起来也没有负担的预调鸡尾酒，这样的话，我出差回来时，在新干线车站就可以不用在意别人的目光，去买一罐喝！"听了她的话，我大脑中非常清晰地浮现出顾客饮用"冰结"时的景象。

当时的易拉罐预调鸡尾酒被人认为更像是中年男士才喝的酒，给人留下的是一种男士在粗犷地喝酒的印象。即便如此，由于没有别的酒可供选择，所以女士想喝预调鸡尾酒的时候，也只能喝这种酒。可是，不管怎么样，都会让人感觉脸上挂不住，提不起兴致。我们实际采访消费者的时候，也有女士反馈："下班回家，每次看到冰箱里的这种酒，就有一种无奈的感觉！"

有些女性顾客要求自己生活中的东西必须得自己看着顺眼，所以不管是从外观设计方面，还是从产品形象方面，她们都很难接受当时的易拉罐预调鸡尾酒。

"出差回来时，在新干线车站能够不用在意别人的眼神就可以喝的预调鸡尾酒！"

从这个代表性的场景中，我们似乎可以看到顾客从心底渴望"希望预调鸡尾酒的口味、外观设计、产品形象能有全新改变"的样子。

如果品牌形象能够涵盖这些内容，产品概念就会变得清晰，我们对产品开发的热情也会大幅提高。

（4）命名窍门——"一番榨""冰结""麒麟零酒精啤酒"

将产品概念直接用于产品名称，这是我经常使用的产品命名方法之一。

在给产品命名的时候，不管怎么搜肠刮肚，想出来的名称大多让人觉得别扭或者早就在什么地方听过。甚至有的时候，就像走进了一个没有出口的迷宫一样，几百个不尽如人意的名称将你团团围住。

与其这样，还不如将产品概念或者产品的一些实际情况（比如原材料、制作方法、特性等）直接应用到产品名称中，这就是我给产品命名的窍门。"一番榨""冰结""麒麟零酒精啤酒"都是使用的这个命名方法，除此之外，"木糖醇（口香糖）"

等也是通过这种方法命名的。

例如"冰结"，这个名称就是依据产品概念和产品自身情况想出来的。

此前生产预调鸡尾酒的厂商，都是将果汁浓缩，减少果汁占据的空间，从而达到节约运输和储存成本的目的。当到了加入果汁的工序，就加水，将果汁恢复到原来的容量。这种果汁被称为"浓缩还原果汁"，虽然成本低、效率高，但是损坏了果汁的口感和清香。

基于这种情况，"冰结"在生产预调鸡尾酒时，率先使用费钱费力的"鲜榨果汁"。一概不使用浓缩还原的工序，而是将鲜榨果汁瞬间冰冻使用。作为开发团队的负责人，我当时就想，既然是"直接让果汁结成冰"，那就干脆命名为"冰结果汁"吧！

虽然"冻结"也可以表达类似的概念，但是由于名称太过普通，所以不在考虑范围之内，最后我选择了兼备新鲜感和熟悉感的词"冰结"。从语感上来说，"冰结"可以让人联想到"冰"，而且容易记，一旦听了之后就忘不了。

独一无二且特色鲜明的产品或者品牌名称，很可能会被这个产品或者品牌据为己有。一说起"冰结"，那就只能是麒麟的预调鸡尾酒。也就是说，"冰结"这个名称已经被麒麟据为己有，别的品牌抢都抢不去。

同时，在"冰结"开发途中，团队又研发了富有创意的易拉罐——"钻石切割罐"。罐身上的钻石纹路清晰，正好匹配"冰结"的产品形象，这让我坚信："这个名称肯定行！"

我深深地感受到，如果能营造像冰一样冰爽畅快的氛围，那么产品的命名、包装、形象、口味等所有的要素就能浑然一体。

最终，全场一致认为，"麒麟预调鸡尾酒冰结果汁"就是麒麟进军预调鸡尾酒市场的唯一王牌。

上市销售后，"冰结果汁"成为一大热销产品，拥有强大的社会影响力，但是正因为此，也招致了严重批评。这是因为产品名称以"果汁"结尾，所以可能会让未成年人和不能饮酒的人误解成是一款果汁饮料，会导致他们无法辨识和误饮。

经过紧急磋商后，为了承担产品的社会责任，我们决定更改产品名称。上市销售还不到 1 年，产品的名称就由"冰结果汁"变成了"冰结"。作为多次获得产品命名大奖的热销产品，更改产品名称实属罕见。

不过，从结果来看，"冰结"这两个字更简短、干脆利索，或许这个名称反而更容易让人接受。也就是说，虽然"冰结果汁"最能表达产品概念，但是要想让这款产品形成品牌，"冰结"显得更加强劲有力。

自"冰结"2001 年 7 月上市销售以来，已经经过了 20 余年，它一直伫立于预调鸡尾酒和鸡尾酒市场的正中心，作为一款长期畅销产品正在快速发展。

（5）让别人看一下策划草案

策划草案虽然诠释了产品概念，但是它仍旧像是一块刚开采出来的原石，为了进一步打磨它，不妨让别人看一看，听听别人的意见，了解一下别人的感受。

至于找谁看，我觉得主要找一些公司内部在工作上有接触的人比较好。

我基本上都是找麒麟公司内部让我敬佩的产品开发者、市场营销策划者，包括以前的上司、同事，以及调到别的部门但是仍有交流的人，也不管是长辈还是晚辈。技术领域出身的人可以从不同视角给出意见，如果能让他们给看一看的话，那可是求之不得的事情。

此外，我还常常听取家人和来往密切的朋友的建议，他们可以站在顾客的角度上提出一些意见，所以也很值得参考。

在倾听意见的时候，"不特意而为"也很重要。如果用邮件、电话先确定见面时间，然后再特意准备一个会议室，这一通操作会让对方也神经紧张。在一些非正式场合偶然碰见的时候，你来上一句"有件事想听听你的意见，你方便吗"，像这样很随意地约一下就可以。

商谈的场所可以是公司的休息区或者其他公共区域，以及自己或者对方的办公桌旁。我建议大家开始谈的时候尽量别拐弯抹角，拿上一张纸就可以进入话题。如果除了会议室没别的地方可去，那么坐的时候要避免面对面直视对方，可以并排着坐；也可以稍稍斜向对方坐着，中间留一个夹角；也可以并排在白板前站着。从心理上来说，人在面对面凝视他人时，不必要的紧张情绪会增加，还会产生敌对心理。

还有一点需要特别注意，初次寻求别人的意见的时候，不要找那些会给出负面评价——比如"我明白你的意思，但是产品开发不能白日做梦""你是认真的吗""你到底是在说几十年后的事情"——的人。

在这个阶段，让别人看一下自己煞费苦心制作出来的策划草案，就是为了得到对方的肯定——比如"这个创意很了不起""我觉得非常不错""绝对应该去尝试一下"等，以让自己获得继续前进的自信和勇气。

也就是说，在这个阶段，我们想要的不是客观的、稳妥的意见，而是希望有人给我们点赞。等到策划书完成得差不多了，我们再去挑战一下"权威人士"，听一听他们毫不客气的意见。

当得到对方的表扬和认可之后，为了自己能进一步提高，可以听听对方的主意，针对需要解决的课题和需要留意的地方，再问问对方的建议。

比如，在这个阶段，我们期望对方从以下几点提一些建议。

- 哪部分没有充分理解顾客，没有读懂顾客的深层心理。

- 以前的相似实例。

- 法规和规则。

- 积极的案例。

- 向你介绍熟悉这个案例的人。

这些建议对我们会很有帮助，但是可能需要多请教几个人。当有人向你说："关于这件事情，A 先生很熟悉，你跟他说说看看。"那么，你一定要联系一下 A 先生，因为他也许就是促成这件事情的关键人物。

需要注意的是，让别人看策划草案的时候，不要因为自己太激情澎湃或者惴惴不安而解释得太多。要看看对方凭借他自己的解读能力和想象力，能够理解多少。

如果对方能积极回答你的问题，那你就刨根问底地问问下面的内容，抓住改善的线索：

- 您能立刻明白策划的内容吗？

- 您觉得有趣、新颖、有独创性吗？

- 您觉得实践起来的话，会遇到什么问题？

- 您觉得公司内部员工和管理层、技术研发部门会做何反应？

● 您对本策划案的中期计划有什么意见吗？您觉得与其他的产品战略存在冲突吗？

● 您觉得我设定的目标客户群体是否准确？

● 您觉得什么样的人在什么情况下会使用本产品呢？

● 您觉得这样的产品是否能让社会更美好，是不是有助于解决社会问题？

不论对方提出的是缺点，还是刺耳的批评，能得到对方坦诚的意见都是值得庆幸的。要想与提供这样的建议的人交往，摆正自己的心态是很重要的。只有平时经常与人交流，以诚相待，才会有人在关键时候帮你一把。

（6）表达产品的新颖性

● 产品的新颖性要一目了然。当被问及"都有哪些创新点"的时候，能够简单明了地回答出来。

● 要做行业领跑者，决不去模仿。

这是我非常敬佩的上司桥本诚一先生（当时是产品开发研究所所长）制定的麒麟啤酒的产品开发方针，现在仍然是我心中不可动摇的标准。

好的产品概念必须有一目了然的新颖性。表达产品新颖性的词语有"日本首款""获得XX奖"等客观的、简单易懂的措辞，但是这种措辞可能会让人觉得"每个厂家都这样说"，或者有的人听了之后会觉得"什么日本首款啊，业内之最啊，还有与本公司其他产品相比有了什么提高之类的，都已经听腻了"，要是顾客这样想的话，那就没戏了。所以，要想抓住顾客的心，就需要在表达新颖性的时候相对低调一点，"有没有让人更为惊叹的新颖性"比起表达方式来说更为重要。

产品概念策划案经过多次修改，还参考了别人的建议，已经得到了不断完善。这时候，大家可以再客观地检查一遍，将产品概念打磨得更具突破力，更加势不可当。

麒麟"淡丽"（生啤）的起名秘闻

在着手开发麒麟"淡丽"（生啤）之前，我曾负责开发威士忌新产品。"淡丽"这个词就是我在思考威士忌新产品命名方案时想到的。

这还得从与米泽俊彦先生的一次闲谈说起。他当时是麒麟威士忌的香味开发责任人，是味觉和嗅觉方面的专家。他曾在某个电视节目中对日本国产的 20 个啤酒品牌进行盲测（将啤酒品牌遮挡起来，进行试饮评测），他的回答堪称完美。

有一次，在中华料理店和他谈论啤酒和美食的"美味的本质"时，他告诉我："中国话中有一对反义词，是用来形容料理极其美味的。一个是'淡丽'，素朴清淡又不会让人觉得淡而无味；另一个是'浓醇'，它则表示风味浓郁、味道浓厚，但又不腻！"

受到他的启发，我就设想开发两种威士忌——"淡丽原酒"和"浓醇原酒"，分别体现两种极端的美味。

和前田仁先生（当时前田先生是麒麟施格兰股份有限公司的市场营销部部长，我负责新产品开发）自由讨论新产品创意时，我将自己一直思索的这个创意告诉他后，他非常满意地说："这个创意很有趣，绝对能行！"

后来，前田先生和我都调到了麒麟啤酒市场营销部，在那里我负责麒麟首款发泡酒（进军发泡酒市场的主力产品）的开发项目。

在讨论的时候，我们又说起了"淡丽"，最终决定发泡酒的产品概念就用"淡丽"这个词来阐释。

"淡丽"就是直接用产品概念命名的一款产品。为了体现麒麟脚踏实地的风格和对产品口感的自信，将它打造成一款合格的长期畅销产品，我们在名称中加上了麒麟啤酒法人的注册名"麒麟麦酒株式会社"中的"麒麟"两个字，就这样，"麒麟淡丽"的名字诞生了。它的姓是"麒麟"，名是"淡丽"，名字听起来不像发泡酒，但是显得非常沉稳。最终，产品非常热销，产品名称也获了大奖。

第 4 章
保持纯度，催生化学反应

如果不将团队力量凝聚在一起，就不能制造出超越满分的产品。

6 种技巧让产品超越满分！

CHAPTER 4

19. 巧用团队合作

（1）从"谈梦想"开始

下面我要讲的是一个人的思考结束之后，团队开发的环节。

在这一环节尤为重要的是，与团队成员凝聚成一体，借用所有成员的真知灼见，将构思打磨得精彩绝伦。

当然，也有需要注意的地方，那就是不要让构思失去"初心"。和其他人一起思考，听取他们的意见之后，新的构思有可能会偏离自己当初的想法。如果新的构思更具有魅力，那便没有问题。但是，将众多的意见、谨小慎微的视角拼凑起来之后，原本特色鲜明的地方就变得平淡无奇，失去了个性和特点，这样的例子并不少见。团队所有成员在达成共识的过程中，会不可避免地做出有利于自己的选择，或者被加上一些客观限制条件，最终得到的就是大家都能接受的平淡无奇的产品方案。这样的话，别说畅销和一炮走红，也别说实现破坏性创造，恐怕产品连上市销售都实现不了。

为了避免这个问题，需要让团队沿着我们设想的方向去发散思维。

我作为团队领导者，第一次开会时都是从"梦想"谈起。不仅如此，团队诞生的最初几个月，我会特意地反复谈及项目构想、梦想、目的等。

新成员加入团队后的第一个会议上，大家做完自我介绍后，我会直截了当地问："那么，在座的各位，你们认为接下来做的这款产品要达到什么目标？也就是说，这款产品的'本质'或者'价值、意义'是什么呢？"

大部分人听到这些后会有戒备心理，会保持沉默。不过不要紧，达到这种效果就可以。接下来，我会好好和他们讲讲我自己对这些问题的想法。

"那我稍微提示一下，或者说稍微补充一下应该按照什么思路去考虑这个问题。具体来说，就是我们推出这款产品是想改变什么？想如何改变？如何推动市场的发展？并且，这与 20 年乃至 30 年后的未来有什么关联？"

一开场，我只是用语言来表达想法，但是到最后阶段，我会拿出以前在备忘录上画的图，用简单易懂的语言仔细地解释自己的想法。

这样一来，刚开始被动加入团队的成员的眼睛也会渐渐变得熠熠生辉，并且最终也会谈自己的感想。

"其实，我完全没有想到您对这个项目考虑得这么深入！我此前认为这个项目就是为了投入新产品，提高处于劣势的市场占有率。"

"我也是如此，这么远大的设想着实超出了我的想象。"

如果收到了这些意见，那就没有后顾之忧了，这证明大家已经把握好方向性，并且能够在此基础上出谋划策。

经过这样讨论和头脑风暴后，"个人的策划书"就逐渐发展成为"团队的策划书"。

这个过程至少需要两周，长的话需要几个月。

当然，有些项目会有严格的时间限制，需要直接进入制订市场营销方案的环节，策划具体的产品规格设计、广告、促销方案等。即便如此，团队仍然需要找个时间集中讨论项目的构想、使命、目的等。

然后，随着项目的推进，团队和相关人员的规模扩大后，我会找个时机再把全体成员聚集起来，拿出一整天时间彻底磨合一下大家的想法。我将这项工作称为"团建"，我觉得这个名称能够体现出团队成员融为一体的感觉。这项工作做与不做，效果会有很大不同。同时，不是只做一次就算了，当效果变弱的时候，我会多次重复这项工作。我认为，理想的状态是三个月一次，至少每半年一次。

团队成员越多，越难形成统一的整体，不管什么样的机构都是如此。如果不重视团建工作，那么最初的抱负就会逐渐消失。

"我们做这个项目是为了什么？"

"这个项目能带来什么社会变化？"

"这个项目会让顾客、公司和我们自己变得更好吗？"

应该让团队的所有成员都理解这些问题，并且让他们保持激情澎湃的状态。

（2）利用团队的力量，让策划方案向纵深发展

和团队成员自由讨论的时候，创造成员能积极参与的氛围是非常重要的。

即便团队成员的想法不算高明，也要让他大胆地说出来，并且还要给予嘉奖。如果能营造这样团队成员都能参加的氛围的话，团队的力量就能发挥到极致。

产品开发并不是光彩照人的工作。很多人正是因为想从事产品开发的工作才进公司的，我时常会看到市场营销部和产品开发部的有些人自认为是精英，其实这是很大的误解。

"产品开发这项工作，需要将自己完全展现出来，去表达内心想法。"

听我这样一说，大家可能会退缩。但是，如果不好意思将

自己的内心和不好的方面暴露出来的话，就不会产生能够触及欲望本质的语言，所以必须毫不掩饰地说出自己的想法。

正因为如此，从事产品开发工作需要内心足够强大，需要不怕被人耻笑的勇气。

同时，从事产品开发工作，更为重要的是要去"享受"这项工作。

成员之间建言献策的时候，先不去管实现的可能性和现实制约条件，权且让他们兴致勃勃地分享让人心情澎湃的奇特想法。到后面再将这些想法规整起来，形成"强有力的策划方案"。这种策划方案魅力四射，不管遇到什么逆境都会岿然不动，生命力强大。我们暂且不管能不能达到这种状态，应该首先要营造这样一种氛围，激发大家一边分享超越常规的、荒诞无稽的想法，一边建言献策。

（3）团队迷路了，该怎么办

团队成员在交流想法、讨论问题的思想碰撞中，有时候甚至连自己该做的事情、前进的方向、讨论的目的都变得模糊不清。打个比方，这就好似是团队迷路了。

迷路的原因有两个。一是因为带头人和引导者没有将主题和目的向成员解释清楚，所以讨论偏离了正题，或者又回到初始话题，双方讨论的内容不在一个频道上。也就是说，这是由缺乏会议运营的技术造成的。二是因为带头人和引导者没有弄清楚项目或者团队目标，在成员还没有完全理解的情况下，就开展局部讨论。

意见和建议越灵活多样，成员们在思想碰撞的过程中就越容易迷失最初的目的："对了，我们最终是想做什么来着？"

这时候欲速则不达，因为你还没有充分向团队成员渗透自己的构想、目标、蓝图。遇到这样的情况，你就当作是和大家再次讨论的机会到来了，回到原点重新开始吧。

这件事的解决办法就和现实中迷路了一样，"当你迷路的时候，记得回到起点"。

（4）给朦胧的语言添加视觉素材

如果仅凭语言就能够完全表达自己想阐释的内容，那最好不过了！

但是，如果是尚未完成的策划草案，那么里面的语言还需要继续修改，产品概念也还没表述清楚。在这种情况下，我建议在寻找到完美的语言阐释之前，可以借助视觉素材的力量。与仅靠语言思考相比，有时候视觉素材更能深入剖析理念，有助于找到完美的语言表达。

在宣传产品、表达产品概念的时候，人们有时候会使用下面的词句：

"释放自我，开怀畅饮！"

然而，"释放自我"是指什么呢？

- 在美丽的海滨度假地，躺在沙滩上享受假日时光。
- 工作结束后回到家，坐在沙发上看着电视，扑哧一声拉开啤酒易拉罐的瞬间。
- 向"黑心"企业提交辞呈，心情放松的下午时分。

除此之外，我们还能联想到很多场景，但是都很难传达具体是"如何""多大程度"开放。不同的人有不同的解释，不同的人对"释放自我"持有的印象也不一样。

在讨论的时候，如果团队成员没有意识到这一点，就永远谈不到一块去。所以，需要创造团队通用的解释和共识。

在这一方面，视觉素材就可以很好地发挥作用。

遇到上述情况，使用拼贴画，效果就很好。首先，所有人都从杂志、网络上找一些表达"释放自我"的照片、图画。然后，将其剪切下来，一张一张地贴在纸上（用电子数据也可以）。

贴的位置也有讲究，将自己认为最适合表达该氛围的照片和图画贴到正中央，而且画面要大。在周边位置贴一些觉得

"这种也行"或者"向这种场景拓展也可以"的照片和图画。

看一卜其他成员完成的拼贴画，应该可以了解他们对"释放自我"的认知如何。

不仅如此，要让团队成员不偏不倚地形成共识，还需要总结一下"这个程度有点过""不是这个方向"等不好的例子。

其实，越是常用的词句，越难凝聚大家的认识。比如说，同样都是"休闲装"，大众品牌的"休闲装"和高端品牌的"休闲装"会完全不一样。在日本参加婚礼要穿正装，所以如果这种场合要求穿"休闲装"的话，大部分人会埋头苦思，参加婚礼的人之间可能要商量一下该怎么办了。

正因为如此，团队成员之间的磨合以及使用视觉素材进行交流是非常有用的。有时候可以发现一些意想不到的差异，有助于相互理解。

还有，"帅气"是什么样呢？

这个问题也因人而异，每个人对"帅气"的认识大不相同，甚至可能会引起激烈讨论。我也被年轻人多次说过"这种，现在已经不时兴了"，因而心灰意冷，但这也是一种学习。在这里所学的内容，可以运用到前面说的"X人格"上去，所以我虽然心灵上受了伤，但是收获却很大。

通过视觉交流，我们会有很多发现。不要只拘泥于语言表达，应该充分利用动画、音乐等各种手段和工具。

（5）推进自己的策划方案时，要发挥白板的主导作用

开会或者头脑风暴时使用的白板，也有使用窍门。

在白板上写字时使用的白板笔就是指挥者的指挥棒。尽量不要将白板笔交给成员，要自己书写，掌握主导权。其要点有两个：

① 一定要写上主题和日期

主题和日期写在白板的最上方。主题要明确是关于什么，其结论要达到什么程度，尽量要具体，比如"如何让○○成为△△？""△△调查时阐释产品概念的语句（最多不超过 10 行，今天定下来）""确定○○项目的关键词（限 1 个词）"。写上主题能让参会的全体成员时刻意识到"是围绕什么问题展开的讨论"。

② 吸取意见并实时编辑

尽量将参会人员提出的方案全部写到白板上。当参会人员自己提的方案被写到白板上后，他就会越来越有劲头。

对于语言表达不凝练的方案，要施以援手："您刚才说的内容，是不是可以这样写？"通过这种方式，对成员的语言进行提炼和编辑，使之毫不逊色于其他人的方案。

一般说来，不能将成员的想法和意见原封不动地写在白板

上。要尽量把握本质和背景，对内容进行变换和整合，使之与自己原本的方案和想法一致。能做到这一点的，就是那些手握白板笔的人。

要尽量吸取大家的想法和意见，将其写在白板上，并对内容进行灵活编辑和整合。最后再整理一下，形成结论。

这项工作的关键是，一边写别人的意见，一边沿着自己想要讨论的方向巧妙引导。这样一来，可以将各个精妙绝伦的建议和想法整合在一起，形成更好的结论。

用这种方法的话，不会让人觉得只采用了其中某个人的意见。每个成员都会有成就感，觉得自己"对讨论结果做出了贡献"。如果大家觉得"全体成员一致努力，产生了很不错的结论"的话，团队的凝聚力也会提高。

最近，线上会议在增加，但是"团队成员聚集在会议室，用白板进行讨论"的感染力，以及大家融为一体、齐心协力的感觉是无与伦比的。如果有机会，你还是应该好好利用一下白板。

20. 用语言提升团队凝聚力

（1）让"冰结"团队凝聚在一起的团队口号

团队口号是团队内部共有的口号，它可以凝聚团队的意志，让大家朝着相同的目标努力。

团队有了明确的口号，就会大大提升团队的团结和士气，以及项目推进能力。

开发"冰结"的时候，我们团队的口号是"缔造一个酒类饮品中的水果王国"。当时的麒麟公司是专营啤酒的巨大企业，其规模之大放到现在都令人难以想象。因此，要涉足主力产品领域以外的产品市场，就不是"向市场投放一个新的品牌"这么简单了。

当时公司的组织和运行机制基本是最适合生产啤酒的，要生产其他产品就意味着需要见缝插针，塞进一个完全不同领域的小规模产品。

当然，公司内部几乎没有人了解啤酒以外的酒，比如果汁酒、预调鸡尾酒、鸡尾酒等，公司内部所有部门都盯着啤酒市场。

我想举全公司之力将公司转变为"综合型"酒类生产商，但是实际情况是"大方向得到赞成，具体措施却遭到反对"，尤其是遭到了老员工的强烈抵制，这导致由我们4个人组成的团队心灰意冷。

不管是作为团队负责人的我，还是团队成员，参加各类会议时都会集中遭受抨击。每天晚上，我们聚集到自己的会议室，一起回顾当天的工作，整理要解决的问题，并探讨接下来的措施。

那个时候的麒麟用一个词来形容的话就是"麦芽（啤酒原料）帝国"，生产的是清一色的啤酒，在我们眼中它就像是整齐划一的军队一样，每一排队伍都井然有序地昂首前进；有着严格的命令系统、顺序和等级制度；大家都绷紧了神经，没有丝毫游玩和放松的余地。氛围就像电影《星际大战》的配乐《帝国进行曲》……

与之相对，"冰结"的开发团队给人的印象是朝你轻松、爽朗、愉快地微笑，与公司的氛围截然不同。我们畅想着大家一起品尝着全世界最可口、天然而新颖的酒类饮品，宛如身处水果乐园、水果王国。当时我们就萌生了一个念头，要缔造一个酒类饮品中的水果王国。就像在童话和绘本中，国王和贵族的餐桌上摆满了五彩缤纷的水果一样。

"麦芽帝国"色彩单调、缺乏表情，它循规蹈矩、等级严明、戒律森严、列队前行；而"水果王国"则是色彩缤纷、充满笑容，它就像充满朝气、无拘无束、清新自由、令人愉悦的音乐一样。

我们几位团队成员都认识到两者的对立，于是发誓："我们要改变这家公司的文化，让它变得更有魅力，更能适应新时代的发展。"

每天都要遭到老员工的批判和全面否定，这时我们脑海中出现的就是"麦芽帝国"的形象，它四周被城墙包围，固若金汤。

"我们肩负使命，要创造一个能够与这个暗淡帝国势均力敌的……不，要比这个暗淡王国更耀眼的新王国——'水果王国'！我们要加油！"

就这样，"水果王国"诞生了，在项目团队中绽放出新的生命之花。

"春谷啤酒坊"品牌开发团队的内部口号是"我们正在创造'胜地'"，我们希望它能够成为精酿啤酒粉丝们聚集的"胜地"。或者更准确地说，我们希望我们创造精酿啤酒的故事会永远继续下去。

如果有这样的口号，我们就不会在意遇到的些许逆风，因为我们会形成"要创造卓越的产品，肯定不是轻而易举的""我们肩负着改善社会状况的重要任务"的认知。

当年完成这个项目的其他成员们，每逢想起这个口号的时候，肯定会想起项目开发时的那种激情澎湃的心情。

语言的力量就是如此强大，为什么不使用团队口号这个良策呢？

（2）积极树立团队内部使用的产品概念

"虽然我还没有跟任何人说，但是这个项目计划的真正目标其实就是……，大家都能领会的吧？"

这种悄悄地透露给项目内部人员的项目开发的真正意图，就是团队内部使用的产品概念。

限于团队内部使用的产品概念经常会涉及与公司内部其他产品的对比，所以不太会拿到公司外部使用。公开的产品概念是传达给顾客的，而团队内部使用的产品概念则是传递给团队成员的。团队内部使用的产品概念要言简意赅，它是一条龙解决命名、规格、设计、广告、市场营销方法等一系列问题的万能钥匙。

"为什么必须如此？"

之所以能够轻而易举回答周围人提出的疑问，就是因为有这把万能钥匙。

"淡丽绿标"的团队内部使用的产品概念是"淡丽低糖"。

那时，我们认为"淡丽的清爽版会形成巨大的市场"，于是我们把产品的卖点设定为低糖，名称定为"淡丽绿标"，然后加上了释放自我、放松、天然等情感因素和饮用场景，并将表达这一旋律的"绿色"定为主色调。

而"冰结"的团队内部使用的产品概念是"源自高新科技的鸡尾酒"，它使用了钻石切割罐和以伏特加为基酒的工艺。

如上所说，团队内部使用的产品概念是参与项目开发的人才知道的团队通用理念，可以成为团队共识。有了团队内部使用的产品概念，团队成员就会很容易想象到产品的形象，并且也可以瞬间理解开发意图和目标，所以如果能够有效使用它，将会有很大用处。

就拿最近的例子来说，麒麟公司没有在"春谷啤酒坊"的产品和店铺上放上大大的"麒麟（KIRIN）"商标，这并不是为了向顾客和媒体隐瞒公司在运营和开展"春谷啤酒坊"项目。其实，这与丰田汽车旗下的"雷克萨斯"品牌标记相似，我们希望把"春谷啤酒坊"打造成为"麒麟公司的雷克萨斯"，这就是推进"春谷啤酒坊"项目时，团队内部使用的产品概念。

要想让团队以及相关部门、企业经营者、公司外部相关人员理解和接受目前开发的产品的特性以及与此前产品的差异，并让他们成为"支持者"，那么团队内部使用的产品概念就是非常有效的抓手。

21. 用"提案书"突破公司内部壁垒

（1）从策划方案到提案书

前面我们讲了给自己与团队看的策划方案的写法，其目的是将头脑中产生的构想简单易懂地呈现给自己和他人。

接下来要说的"提案书"是呈报给公司的材料，其目的是让方案获得审批、让公司内部达成一致意见。

当然，公司内部还有其他早已推进或者同时推进的战略和产品。在这种情况下，提案书变得非常重要，因为它可以用来评估我们是否兼顾了其他战略和产品，并决定是否开拓这项业务以实现公司业务的最优化。

因此，在提案书中仅仅写产品本身的魅力是不够的，还需要简单明了地阐释它是如何与其他产品和项目相辅相成的。

我制作的提案书中也会加入公司内部审批时所需的条目。

然而，项目的目的、中长期目标和最终目标、基本战略、市场营销战略、产品文案的写法和内容的多少、提案方式等，每个项目之间的差异很大。并且，还需要明确阐释"现在开展这个项目的理由"和"未来蓝图"。

我认为，一份好的提案书需要展现如何创造新市场和新领域，需要思考如何占据新市场的正中央。

不过，提案书是给公司管理层和其他部门负责人看的，他们的会冷静和慎重地做出判断，所以不要让提案书看起来像天方夜谭。炽热的激情先要深藏心底，如果不让他们看到你是在扎扎实实推进公司业务的话，提案书是不会通过的。因此，制作提案书时要脚踏实地，站在管理者的立场上实事求是地研判中长期的可行性和风险。

提案书的格式和内容同等重要。要通过提案书的格式突出提案书中最重要的部分以及与此前做法的主要差异，要富于创意，不要被别人认为是"老调重弹"。

我计划开发"冰结"的时候，一开始给大家看的其实不是提案书，而是试饮样品。

我当时将样品托付给了出席管理层会议的市场营销部部长，让他在会议接近尾声的时候建议大家试饮一下，结果得到了与会人员的肯定——"这款产品，值得尝试"，由此项目正式启动。我让大家看提案书，其实是几个月之后的事情。

我之所以这样做，是因为对试饮产品的口感和新颖性有绝对的自信。在提案阶段要获得主动权，就需要这样的策略。

（2）交流的时候，让对方成为主角

想让对方倾听你的提案，最重要的条件是什么呢？

最重要的条件是创造让对方想听你的提案的环境。

虽然热忱和认真是非常重要的，但是只是单方面满腔热情是不行的。说实在的，对方最关心的不是我们是否热情饱满！

交流的时候，听者会对信息进行过滤和加工。一般来说，听的一方只想听自己想要了解的、自己关注的事情。

如果是从事财务工作的人，那么当他在想"真的可以凭这个获得利润吗"的时候，即使你对他讲市场营销方法是如何具有创新性，他也不会听你讲的内容。相反，他会想"你还是赶紧给我讲一讲利润的事情吧！"

提案书也是一样的。每个人想获取的信息是不一样的。虽然我们制作的提案书已经面面俱到，但是我们需要考虑怎么呈现给对方。如果是给生产管理部部长看的话，就把内容聚焦到产品规格、制造方法和设备投资等，让他首先看到这些内容。

要了解站在你面前的人如何看待问题，诀窍就是要理解他的思维方式，在交谈的时候要去揣测他的感受。

如果对方是熟人，已经知道他的思维方式和感兴趣的领域的话，那么按照他的思维方式和兴趣去交谈，就可以让他明白你的想法。

如果不太了解对方，或者是第一次见面，那该怎么办呢？

这种情况下，我建议你一边摸索一边交谈。

"您觉得这样可以吗？"

"您对我刚才讲的有什么疑问吗？"

一边向对方确认、询问，揣测对方感兴趣的领域和疑惑，一边慎重地交谈。

或者，也可以主动出击，在讲之前先问问对方的意见。

"我把内容都写在这份资料里了，但是时间有限，您觉得我今天主要讲哪些内容比较合适呢？"

"今天想和您商量要不要做 XXX，咱们从哪个地方讲起比较好呢？"

尤其当你面对的是工作繁忙的管理者的时候，这种做法的效果很好！

因为先告知了交谈目的，谈的也是对方关心的事情，所以可以让对方集中精力听你说的话。

（3）权且将"创造性破坏"放到一边

不管你做出了多么出色的策划方案，如果不能在自己的企业中脱颖而出的话，那也很难在社会上崭露头角。

我在第 1 章中提到了"创造性破坏"理念，但是到了这个阶段的话，放低声音才能顺利推进。能让对方按照自己的想法理解你，这是很少见的。有时候会产生误解，甚至演变成辩论，最糟糕的时候策划方案会被驳回。

此时，尤其需要注意的是"破坏性"。不要让你的计划影响已有产品的销售目标、收益目标，尽量避免虚无缥缈的假设，一开始要有脚踏实地的、稳健的提案。

当然，在非正式场合和团队、朋友畅谈梦想是没有关系的。

另外，让有决定权的人欣赏你是很重要的。

打个比方，两个策划方案如果相似的话，大家喜欢的那个人，他的策划方案会被认可；而让人讨厌的那个人，他的策划方案会被驳回。这恐怕是无可奈何的事情。

让人欣赏的原因也多种多样，比如"开朗，看着就舒服""顺从，不反抗""让人恨不起来""总是很努力"等。

我希望大家对我的看法是"这家伙虽然有点与众不同，但是考虑的事情很有意思""交际方面还欠火候，但是说话在理，可以信赖"等，总之我对自己的定位是"笨拙的可用之才"。

这一切都是为了让提案书顺利通过。我们可以留意一下平时自己的定位。

（4）等待时机

俗话说，心急吃不了热豆腐。

策划书完成之后，切忌强行让别人认可你的方案。很多时候，让你的策划书在那儿睡上一会儿，会有更好的结果。

以我为例，我会在几个月甚至半年时间内不停地写写改改，然后放上一段时间，再收集信息（增加信息输入量），然后再修改，这样的工作会重复多次。有的时候甚至要等 20 多年才会时机成熟，将策划拿去审议。要沉得住气，慢慢等待！

当然，也有进展很快的。

开发"麒麟零酒精啤酒"的时候，我在白纸上写下"世界首款无酒精啤酒。无酒精，无酒驾"，然后没过几个月，当时的上司就说"很好！你赶紧做起来"，于是项目就开始运作了！

"冰结"也非常顺利，我着手策划后过了 1 年多，有幸让管理层试饮了一下，然后项目就正式启动了。

我花费时间最长的是精酿啤酒"春谷啤酒坊"，花了 20 多年才最终得到公司内部的批准。就像一瓶高级威士忌，要长期等待才能成熟。

最初构思开发精酿啤酒"春谷啤酒坊"，是和"淡丽"同一时期。此后，经过多次起起落落，最后时机成熟的时候正好是我 50 岁的时候，那时我已经一个人同时主持多个开拓新领域的策划案，其中在精酿啤酒倾注了最多心血。

开始构思之后我又花了大约 1 年时间撰写和修改策划书，进行反复打磨。历经上司和其他相关部门的反对，被多次退回之后，策划书也有了新发展。在不知不觉中，支持的人一点一点多了起来，最终在和总裁面谈的时候得到了批准。当时刚刚上任的总裁矶崎功典果断地对我说："要做就要做到改变市场、让世人称赞的程度！"矶崎功典不仅支持我开发精酿啤酒业务，还支持我坚定决心去改变市场。

看一下这些经历就知道，时机总会来临的。

"幸运会降临到有心等待的人身上（Great thing comes to those who wait）"，这就是我从事产品开发的信条之一。

不焦急，不萎靡不振！要学会选择"等待"。

22. 最强产品的诞生——"才智"×"才智"

（1）诚挚倾听意见，改善方案

将创意和产品概念变成具体的产品，过程中会面临几个现实困难，最能让人体会到产品开发工作的艰辛。

这里所说的现实困难有成本和技术、现实条件的制约，公司内部的情况和意愿，来自相关人员的阻碍、批判，还有琢磨代替方案等。团队成员会与你一起畅想同一个梦想，但是其他相关人员则和团队成员的立场不同，你必须面对这种立场上的对立。

有 100 个人，就有 100 种思维方式。

所以，你会不断地受到自己团队成员和相关部门、管理层、公司外部的广告设计商的各种追问。有的人开门见山，有的人只是随意的询问或者单纯的疑问，有的人则尖锐犀利。

产品质量负责人："这种口感好像不符合产品理念吧？"

营销部："这样真能卖得出去吗？"

生产部："有必要花这么大成本吗？"

管理层："有百分之几的顾客会购买呢？（是不是受众很小？）"

外观设计师："产品为什么会采用这个概念呢？"

广告制作者："最终，你想让顾客如何做呢？"

这些问题也许都是你不想被问及的，但是对方越是资历深厚越不会"装懂"，他们会毫不客气地戳你的软肋。

这些尖锐的问题也有可能代表了顾客对该产品持有的疑问或者不安。因此，为了未雨绸缪，我们要态度积极地去面对这些问题——"这些问题让我有机会追根溯源，可以让人更能理解产品，让产品魅力四射"。解决这些问题才是产品开发的乐趣，是我们开发工作的最终舞台。

面对这些疑问和意见，我会做出如下应对：

①通过彻底调查、实验和验证，拿出客观结果或数据。

②使用能够拉近双方距离的"语言"，提高交流的成功率。

③反过来问对方"您是如何考虑的呢？"让对方站到我们的立场一起思考。

④向对方附和说"应该能做得更好！"

⑤反复、彻底讨论，找到可以从根本上解决问题的"简洁

答案"（前文谈到的和宫田识先生讨论"淡丽"，就属于这个类型）。

重点是不能意气用事，不能巧舌如簧，要认真回答。不要嫌费时间和功夫，要找到所有人都能认可的解决方案和交叉点。

（2）因祸得福，产品变强

在紧锣密鼓地准备"麒麟零酒精啤酒"上市销售的时候，我遇到了一个很棘手的问题。相关部门的高层领导提出了下面的问题：

"虽然客观上酒精成分为零，但是喝完好几瓶后，会不会产生醉酒的错觉？"

"这个人喝完之后，万一驾车出现操作失误，或者酿成事故，那该怎么处理这件事？"

在医学领域有个概念叫"安慰剂效应"，患者服用安慰剂（没有药效）之后，会觉得自己病好了。因此，管理层担心与"安慰剂效应"相同，当顾客喝了"麒麟零酒精啤酒"之后，会出现醉酒的心理作用，导致驾车时操作失误。

"因为客观上酒精成分为零，所以即使被起诉，公司也无过错。而且，我们也可以提供酒精成分为零的证据。"

经过这一番解释，他们的担忧可能烟消云散了。但是，如果上市销售后，顾客也提出相同的意见或担忧的话，该怎么办呢？

我们的愿望是杜绝酒驾，消除交通事故等因为饮酒而产生的社会危害，创造让大家更加安心的美好社会。但是，就这么稀里糊涂地上市销售的话，会不会事与愿违呢？我也有忧虑。

"酒精成分为零，真的就不影响开车了吗？"

我们能否彻底验证这个问题，拍着胸口说"开车完全没问题"呢？我们将别人提出的这个问题看作"可以直截了当地、光明正大地证明这个问题的绝佳机会"，整个团队开始思考科学验证的方法。

可以肯定的是，即便是在公司内部得到了验证，人们也会认为存在"暗箱操作"，不太会相信验证结果。如果调查方法不被大家信服，那么将得不到世人的认可。

既然是关于安全驾驶的问题，那么直接找交警商谈，让他们证明没问题的话，那肯定很权威，能够让世人放心。经过调研，我们发现警察厅有一个下属机构叫科学警察研究所，有各种测算仪器和实验结果档案。

我们马上去该研究所说明了情况，研究所负责人对我们项目的意图非常理解，尽心竭力地向我们提供帮助。他们还推荐了实验中用到的驾驶模拟器的制造商，于是我们向驾驶模拟器制造商诉说了我们的愿望，也引起了强烈共鸣，对方无偿将昂贵的器械借给我们使用。

我看到那么多人都能产生共鸣，给予我们帮助，就更加坚定了自己的使命感——"一定要让这款产品面世"。

通过实验，我们比较了喝了"一番榨"啤酒的组群和喝了"麒麟零酒精啤酒"的组群的测试结果。结果证明，喝"麒麟零酒精啤酒"完全不影响驾车。虽然有几个人回答说"隐隐约约有醉酒的感觉"，但是模拟器的数据显示完全不存在操作失误和延迟，其结果和未喝酒的时候一样。对此，驾车者自己也很吃惊。

我们将这一结果报告给科学警察研究所，最后警察厅答复说"可以断定完全不影响驾车"，认可了我们的实验结果。

由于这一项实验多花费了 10 个月左右的时间，所以我们不得已将"麒麟零酒精啤酒"上市销售的时间推迟了大约半年。

然而，得益于这项实验，我们得到了日本警察厅的认可，其效果是巨大的。我们成功地在高速道路的服务区开展了上市销售的纪念活动，如果没有这项实验和日本警察厅的认可做后盾的话，东日本高速道路公司应该不会允许我们举办这样的活动的。

对于这款产品，我们团队内部使用的产品概念之一是"F1车手驾车驶入维修区，咕咚喝上一口，然后回到比赛"，因此我们在宣传活动中让退役的 F1 车手分发试饮品，引起了很大反响，这款产品在万众瞩目中上市销售。

这就是因祸得福！如果积极地去克服障碍，就有可能会产生新的机遇。彻彻底底地做好调查和实验，向大家拿出确凿事实和数据的话，就可以大大提升产品的认知度和可信性。

（3）交流拉近双方的距离

如果没有公司内部、外部的技术人员以及设计师的协助，就不可能开发出让大家都认可的产品。

这些技术人员和设计师的才能都是我没有的。想要充分发挥他们的实力，是需要技巧的。

对酒类饮品来说，品质（酒香）是极其重要的。所以，要与具有专业技术的开发者一起开发新颖而且口感好的产品。在一定程度上确立产品概念后，为了达到理想状态，要反复试制产品，通过试饮和调查反馈去不断改良产品。这一过程至少重复 10 次，多的时候能足足超过 100 次。

以啤酒为例，有些产品从开始酿造到试饮就需要 4 周多的时间，多次试制改良则需要半年至 1 年的时间。

为了能够顺利开展此项工作，我会向酿酒技术人员解释清楚，让他们将产品概念落实到产品规格和制作方法上去。在解释的时候，所使用的语言需要让每个酿酒技术人员看了都明白，并且能够促使他们进一步相互讨论。

前面说过的创业百年推出的大型产品，我向技术人员请教如何能制造出"怎么喝都喝不腻的啤酒"。经过讨论后认为，不能凭借感觉和印象蒙混过关，而是要用科学的方法彻底分析口味。为此，我们将"喝不腻"的理想状态进行了因数分解。

我们将"喝不腻"的影响要素分为 6~7 个层次，每个层次都安排上一个研究团队，比如：①喝第一口就觉得顺口；②喝完之后马上想喝下一口；③不胀肚；等等。

产品开发现场充斥着技术术语和医学术语，虽然我是项目发起人，统筹这项工作，但是在技术方面完全是外行。所以，我通过翻阅以前学过的化学、物理和生物书，在网上查阅相关资料，努力使用"专业术语"和技术人员进行交流。

我们开发者在纸上写"世界上最好喝的啤酒""喝起来回味无穷"很简单，但是实际研发起来却没有那么容易。如果不深入理解技术人员的逻辑和问题意识，不一起思索和解决问题，产品就无法达到让人赞赏的 300 分的程度。

或许你会担心"专业术语太复杂，自己会不会理解不了"，但是这种担心是多余的，其实沟通简单得令人惊讶。因为如果用复杂的语言去解释产品的话，谁都理解不了。只有双方的误解消除之后，产品概念和品质才能达到完全一致。

（4）反过来追问对方，120% 地激发技术天才的能力

负责"冰结"品质研发的鬼头英明先生，以及一同开发"春谷啤酒坊"的田山智广先生在产品研发方面都有很高的天赋、创造力和热情，可谓是产品研发的天才。那么，我是如何与他们这样的天才共事，发挥他们的实力的呢？其实，答案很简单。

那就是在他们提出疑问的时候，我也反过来问他们问题。当他们问"您觉得什么口感最理想"的时候，我会问他们："对您来说，什么口感最理想呢？""应该如何思考口感这个问题呢？"我这么一问，他们的眼睛马上熠熠生辉，开始和我一起思考问题。

还有一点，一起试饮的时候非常关键。虽然他们一开始就能制作出很棒的产品，但是我不会轻易满足，"只能得 100 分的产品是无法获得顾客的赞赏的，我希望能将口感再提升一个档次"，我会鼓励他们做得更好。

如果想要实现的多种要素之间存在矛盾，那么能同时实现这些要素就是一种创新，就会创造出革命性产品。我会告诉他们，将不可能变为可能不就是技术天才的使命嘛！

当然，我的措辞不会这么强硬、无礼。"是不是真的做不到呢？"我的语气柔和得让人觉得缺乏自信，但是我同时示以充满自信的微笑——如果能做到的话，产品绝对会很火爆。

学习制造技术在这种场合也会很有帮助。

如果对技术一窍不通，说的话不得要领，提的要求强人所难，那也是不行的。我通过不断磨炼，让自己也有技术人员那样的问题意识和解决问题的思路，也就是说，我不是单纯地委托他们从事研发工作，而是磨炼自己，让自己能从技术人员的角度去推进工作。

总之，激发技术天才的积极性，让他们一起努力的话，产品的口感可能会大不相同，会大大超越预期。

（5）让产品概念和设计融为一体

设计和产品概念是不可分割的。设计师在考虑产品设计的时候，肯定会再次探讨产品概念。因为设计工作也是在探求产品价值的本质。

美国著名的平面设计师保罗·兰德（Paul Rand）说过："设计是形式和内容的关系表达。"

我在这里所说的"内容"是指创意和产品概念等。借用保罗·兰德的话来说，品牌概念与外在形式（如何展现？如何评价？如何阐释？）之间的关联就是设计工作要解决的问题，"设计的目的就是让形式和内容融为一体"。我非常赞同这个想法。

我在实际工作中也会遇到相同情况，在与一流设计师以及创意总监针对产品设计交换意见的时候，必定会被问到产品概念。他们会深入、犀利地追问产品的目的、存在意义、价值等。

例如，我非常信任的无限云（CLOUD8）设计公司的桥本善司先生，和他讨论的时候也会没完没了。

"为什么产品概念必须是这样呢？"

"为什么要使用这个词呢？"

"为什么别的词就不行呢？"

"说到底，你是为了实现什么呢？"

"这款产品和品牌在社会上存在的意义是什么呢？"

"这个产品方案和理念真的有魅力吗？"

这样讨论之后，有的时候需要修正产品概念中的核心内容，或者需要追加新视角。原本只是让他制作一个外观设计方案，但是结果会使我重新审视或者进一步提炼产品概念。

设计就是这样"将内容和形式一体化"的过程，并会影响产品内容和形式。

我和桥本善司先生讨论"春谷啤酒坊"的时候，也有这样的交流。

"为什么要在名字里加上'坊'呢？请告诉我这样做的必要性。"

确实，不加上"坊"这个表示建筑物的词，直接用"春谷啤酒"的话，会显得更干脆利索。加上"坊"后不仅不会提高认知度，还显得烦琐，也不好记。

19 世纪 80 年代诞生于横滨市山手町的啤酒酿造坊——春谷啤酒坊（Spring Valley Brewery）是全日本第一家在商业上取得成功的啤酒公司，它是现在的麒麟啤酒公司的前身。"春谷啤酒坊"品牌的命名体现了我们对创业者威廉·科普兰（William Copeland）秉承的开拓精神的尊崇，说明了我们决心要继承这个品牌的名称和精神，面向未来迎接新挑战。

我们将"春谷啤酒坊"看成是麒麟的另一大品牌，是新成立的创新型企业和生产基地。

在这个啤酒酿造坊里，酿酒师们发挥创新精神和挑战精神，一丝不苟地工作，酿造出前所未有的、焕然一新的精酿啤酒。这就是"春谷啤酒坊"的构想，也就是说，我想让人、蒸馏酒和啤酒坊融为一体，把三者永远交织在一起的理念融入产品名称和概念之中。

受这一问题的启发，我明确了添加"坊"的初衷，改良了产品概念。比如，"'坊'这个词是陈旧的概念呢？还是体现了崭新的现代精神？"经过讨论，最后认为它是"以传统为基础的创新"。

除此之外，酿酒师的形象和精神面貌应该是固执、孤僻，还是前卫、风趣？是具有匠人气质，还是具有优雅的艺术气质呢？针对这些问题，我让设计师构图演示，和他们进行反复探讨。最终，"内容和形式融为一体"的设计方案制作完成。

桥本先生说过："对我来说，设计就是表达产品概念。形式用来表达内容，内容有时需要借助形式来界定，当产品名称、概念和设计在观看者的大脑中非常巧妙地融为一体的时候，产品就会获得人们的认可，人们就会购买它！"

23. 让粉丝参与产品开发

（1）制造商和顾客的关系变化

现在制造商和顾客的关系发生了很大变化。

过去，制造商和顾客的关系基本就是顾客出钱购买企业提供的产品或服务。产品供给方和消费方实现"物、服务、信息"与"金钱、时间"之间的交换。

进入 21 世纪之后，这种关系急速变化。企业和消费者渐渐地接近于对等关系，消费者希望和企业一起创造新的价值（共创）。

消费者会支持和参加自己赞赏、有好感的企业开展的活动，为实现企业的理想和梦想贡献自己的力量，以此来满足"自我实现需要（need for self-actualization）"（图 4-1）。

如果对这种变化视而不见的话，即使是耗时耗力精心生产的产品，也很容易在顾客面前碰壁。

麒麟啤酒和顾客的关系以前仅仅是用时间、金钱交换产品、信息。

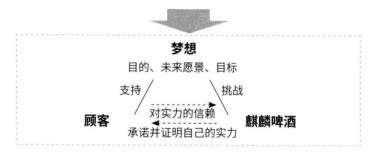

今后两者的关系将是，麒麟啤酒高举梦想，并证明自己的实力，顾客产生共鸣并给予支持 [菲利普·科特勒（Philip Kotler）在其著作《营销革命3.0》中也阐述了这种关系]。

图 4-1　企业与顾客的新关系

资料来源：我在 2012 年向总裁递交的春谷啤酒坊项目议案资料。

"你能否预料企业和顾客的关系接下来会如何变化？"

"需要和此前的大众营销不同的新方法，这具体是指什么呢？"

"顾客到底期望如何实现自我呢？"

经过长年不停地摸索，我终于得到了令自己满意的答案，这就是"春谷啤酒坊"。它不仅仅是精酿啤酒的新品牌，也不仅仅是新潮的啤酒吧和餐厅的结合体，它是啤酒制造商为了实现"与顾客共创大家翘首以盼的啤酒未来和啤酒新文化"这一梦想而扎扎实实推进的一项长期项目。

要实现这个目标，需要"让顾客体验、创建交流平台、培养产品的忠实粉丝"。

接下来，我会详细解释一下它的内涵。

（2）创建交流平台是关键

"客户体验"具有不可替代的"价值"。将这一价值最大化的是啤酒主题园和体验型基地。

建设一个啤酒坊（小型啤酒工厂），让顾客在紧挨着酿酒设备、啤酒发酵罐和存储罐的地方就能够品尝到新酿的啤酒。并且，还能够直接和啤酒坊的酿酒师对话，传达自己的感想。同时，酿酒师也可以吸收顾客的意见，让酿酒工艺更上一层楼。

在啤酒坊里，顾客不仅可以品尝到极其好喝的啤酒，还可以一起创造啤酒品牌和啤酒文化，所以这是一场特别的体验。这里是啤酒爱好者聚集的"胜地"，实现了啤酒爱好者与酿酒师之间的双向交流。

而且，世界各地的酿酒师会聚到这里，他们并不是竞争对手，而是拥有共同梦想和愿望的志同道合的人，希望一起将精酿啤酒市场做得更大，酿造美味而且独具一格的啤酒。实际上，这里已经成为各种交流活动的聚集地，它们相互影响相互推动，产生了意想不到的效果。

培养产品的忠实粉丝并不是简单地增加喜欢购买产品的顾客数量，也不是提高粉丝们对产品的狂热程度以促进市场营销，而是真正建立粉丝交流平台。

为此，我们决定每个月都举行一次"酿酒师之夜"活动。

这是春谷啤酒坊的全体员工和酿酒师以及顾客的例行交流会。参加活动的顾客一开始不足 10 人，但是后来逐渐增加，在几年内就已经成为规模庞大的活动。我们一直着力提升活动内容的质量，积极听取参加者的诉求和建议，至于活动的人数和规模倒不太在意。

啤酒坊现在已经发展为良好的交流平台，随着交流次数的增加，信息提供者和信息接收者之间的隔阂得以消除，双方的站位甚至发生了互换，在这里我们能够感受到浓厚的"共创"氛围。

它正发展成为由粉丝们自主运营的交流平台。在社交网络平台上也形成了一个由大约 100 人构成的群体，这个群体和春谷啤酒坊还合作举办过活动。

我前面和大家说过，需要和顾客建立新关系，并通过这种新关系升级营销方法，其实"粉丝交流平台"就是其中的核心方法。

通过广告知道了产品，在商店看到了产品，尝一尝发现很好喝，然后一来二去就成了该产品的粉丝，这种传统模式不会一下子就改变。

但是，这种模式正逐渐成为过去，而且不管你承不承认，其更新速度正在加快。

（3）内部创业的意义

"春谷啤酒坊"项目还成立了内部创业的创新型公司。这样做的原因如下：

这是为了实现"与顾客共创未来"，而"与顾客共创未来"是支撑"构想"的根基。以前的庞大而且笨重的公司机制不利于实现"与顾客共创未来"。

与顾客直接交流，进行各种大胆尝试，这非常适合初创企业。创新型公司能够随机应变，所以可以迅速实行和改良一些新的试点工作。

这要是换成大公司的话，就要经过多次审议和探讨，和相关部门交涉，最终还不一定能得到许可。而且，对产品的忠实粉丝来说，规模小而且公司情况"一览无余"的公司会更容易让人亲近，更便于共建交流平台。

这已经不是单纯的产品开发了，我们不断挑战新目标，2021 年是首个店铺成立的第 6 个年头，这一年我们向市场推出了罐装精酿啤酒"春谷啤酒丰润（496）"，现在在日本各地的超市、便利店和网店都可以购买到这款啤酒。

通过我们的品牌"胜地"（东京和京都的啤酒坊、体验型店铺）和顾客建立"新关系"，这个过程还远远没有结束。"让顾客体验、创建交流平台、培养忠实粉丝"这项挑战，时至今日仍是现在进行时。

24. 不能因为畅销而高枕无忧

（1）上市销售不是终点，而是起点

"终于上市销售了！"

上市销售确实是产品开发的最终阶段，开发人员到了这个
阶段就想松口气。

但是，我们的目标是创造市场、创造未来。

上市销售才是真正进入一决胜负的阶段，我们追寻的目标
在无际的前方。

正如亚马逊创始人杰夫·贝佐斯（Jeff Bezos）反复对员
工说的那样，"永远都是第一天（DayOne）"，我们要永远保持
每天都是创业第一天的心态。

从零开始到上市销售，这可能要花费 1 年、2 年，有的时
候可能会超过 3 年。但是，让产品创造市场的"第一天"是从
上市销售的那天开始。

即使产品幸运地火爆起来，也不能高枕无忧。接下来，必须把它培育成长期畅销的产品。要想像构想中描绘的那样，将刚刚诞生的小市场打造成"未来市场的中心"，需要做的事情还有很多。

很多时候，顾客刚开始觉得产品不错，之后却会失去兴趣。新产品一开始都具有一定新颖性，所以出现这种情况也在所难免。

"可口"不仅是靠身体去感觉（五感），用脑、用心也可以体会到。我们需要深入了解顾客内心的想法，不能满足于"终于上市销售了""卖得挺好""太棒了"等想法。何况，我们是带头创造新市场，而顾客的反应和变化还是未知数……

竞争对手应该会很快就推出追随型产品和改良版产品，被追随、被对抗是我们设想之内的事情。能在多大程度上沉着应对，能在多大程度上采取灵活、创新的行动，会决定未来的发展水平。下面介绍一下我此前的一些做法。

● 不断改良。提升质量，拉开与竞争产品的差距，保持领跑状态。"淡丽"几乎每年都对味道进行改良，对包装进行更新。

● 推出新系列，从外围市场和相似市场吸收顾客。比如我们推出的高端果酒系列，其中"冰结"改变了大家对预调鸡尾酒的印象，而"冰结霞多丽白葡萄"又将这一印象再次升华。这个系列的推出，吸收了起泡葡萄酒市场的顾客，扩大了女性粉丝和青年粉丝的范围。

另外，我们还推出了各种各样的产品和相应的宣传广告，使曾经妄想的"清爽型酒类饮品市场"最终变成现实。

● 开发广告、促进宣传，强化品牌力量。要维持话题热度，经常被媒体报道、被顾客谈论。以"春谷啤酒坊"为例，不仅是在首都圈，我们在京都也设立店铺，作为在西日本的基地。我们几乎每个月都举办记者招待会和媒体说明会，持续不断地对外宣传。

最终，这个以前被称为"地方啤酒"的产品领域，现在作为"精酿啤酒"被大众所熟知，目前其产品已经覆盖日本各地。

● 要有前瞻性，不断推出公司下一步要销售的产品。以"淡丽"为例，我们不仅追加推出了姊妹产品，还追加推出了包括"第三类啤酒"在内的新型产品。和初期构想一样，整个发泡酒行业已经成为当下的主流领域。

面对"麒麟零酒精啤酒"创造的世界规模的无酒精酒类饮品市场，我们不仅投放了无酒精啤酒，也投放了无酒精预调鸡尾酒，激发了整个市场的活力。

因此，想要创造世界上没有的东西，成为能够引领市场变化的那一方，是非常不容易的。

（2）不能高枕无忧，而要思考接下来要做的事情

这样一边构想未来一边升级产品，会不经意忘记我们作为产品开发者还肩负着很重要的任务，那就是要"着手开展下一个设想""开发新产品"。

虽然公司的使命已经完成，但是作为起点的自我使命并没有全部实现，梦想和愿景也是如此。

让我们去寻找可以超越自我的更高层次的东西吧！

为了再次引领变化。

为了创造更加美好的社会。

为了邂逅未来——

你是否已经做好准备？

让我们投身到能够引领变化的环境之中吧。

感谢大家阅读本书，您的感想如何呢？

当初出版社编辑对我说"您写本书吧"的时候，我原本是想郑重地谢绝的，因为我对写书没有信心。30多年来，我作为普通工薪人员从事工作，"书"对我来说是用来读的，根本没有想过自己会写书。

如果题目是怎样品味精酿啤酒的话，或许我还可以写一个专栏。但是，让我写一本关于开发热销产品的指南，那就要另当别论了。

到目前为止，我没有总结过自己的市场营销理论和规则。然而，如果让我只解说一下菲利普·科特勒和戴维·阿克（David Aaker）等著名的市场营销学者的主张，那也没什么用处，因为这方面的书已经很多，而且说到底也是在借用别人的意见，没有什么创新。

因此，我将以前所做的工作一五一十地进行了盘点。我看重的是什么？日常生活中的习惯和激发创意的做法有什么？然后，如何推敲构想和策划案？再者，在开发的各个阶段，我是以什么为根据和方针进行抉择的？要在团队和公司内外的协助下完善产品，需要在什么方面下功夫？

我在本书中不仅介绍了热销产品，还介绍了失败的产品，以及顺利和不顺利的产品开发过程。我翻阅了当时的资料，尽量详细地回想当时的情景，对事情的原因和理由、规则、当时的想法都进行了梳理。本书就是这样写出来的。

书已经基本写完，我认为本书中总结的 24 个技巧可以被广泛应用于众多领域的产品开发、新市场开发和创新。虽然产业和领域、市场、环境的主题不一样，但是它们最基本的部分——未来愿景——有很多相通的地方。

关于我们面临的现实市场和竞争，本书刻意没有谈论需要如何慎重、切实地推进业务战略和产品战略的问题。当然，现实中的市场是技艺超群的竞争对手云集的激战区，不是用一般的方法就能顺利发展的，仅凭脱离现实的理想主义和不切实际的空谈是无法与对方抗衡的。

即便如此，我看重的仍然是去创造市场的思维和态度，只有这样才能让自己引领变化，实现未来愿景。因为我相信，要想在"无法预料未来走势""没有标准答案"的市场中生存，要想握住未来发展的主动权，这种创造市场的思维和态度是不可缺少的。在白纸上自由大胆地勾勒未来构想，然后去开发产品和创造市场，这可以从根本上改变闭塞状态，让未来变得更好。

我们的使命就是一方面要沉着冷静地把握住现实，另一方面要用梦想、热情和勇气去开拓新时代。

每个人都会遇到人生的转折点和新起点。

我也是如此，我的人生中有大大小小的转折点。毫无疑问，其中最大的转折点就是与前田仁先生的相遇。

在遇到前田先生之前，我做什么都不顺利，开发出来的产品完全卖不动，因此失去了信心，开始意志消沉。正巧在这个时候，前田先生被调入我所在的部门。

在他的建议下，我们经常开会交流看法，一起锤炼产品概念和确定目标市场。

真可谓"凡事皆可学习"，我有时候会应邀去剧场看看，有时候悄悄进入知识分子聚集的地方，被他们富有哲理的意见所折服。我在那里学到了很多"名言"，这些"名言"总能启迪我。我当时觉得一切都很新鲜，一下子就打破了原来的思维定式。

在这之后，我和前田先生还一起开发了"淡丽"和"冰结"等一系列产品。不管遇到什么事情，他都毫无保留地果断出击，每次都能让我学到很多东西。这些对产品开发精髓的领悟以及对事物本质的把握是营销教科书所不会涵盖的，它们都是通过人的主动思考和实践才产生的。时至今日，它们仍是我心中不可动摇的绝对标准。

现在这些精华超越了时空，星星点点地散布在本书中。从这个意义上来说，本书是我和前田先生的"共同著作"。

通过撰写本书，我想起了那些教诲、培养和帮助过我的人，而且再一次思考了自己的使命和应该前进的方向。因此，这也是一种新起点。

在此，我要感谢和我共同奋斗，一起从零开始创造世界上前所未有的创新性产品，一起"创造未来市场"的团队成员们。我还要衷心感谢以矶崎功典总裁为首的麒麟公司的各位同仁，感谢公司外部的各位协助者。

同时，我还要感谢提供这次出版机会的钻石社的朝仓陆矢先生，他坚持不懈地协助我完成本书。

另外，我想对养育我的父母表达我的谢意。我还想对妻子表示感谢，她一直微笑着支持我"从零开始"创造未来，支持我撰写本书。

最后，我想将这本拙著献给改变了我人生轨迹的恩师——已故的前田仁先生。前田仁先生在 2020 年 6 月突然驾鹤西去，让人万分悲痛，他的一生让我望尘莫及，他的恩情我难以报答！他对我的教诲是我开发产品和生活中的一盏明灯。

我想，我已经将接力棒成功交给了读者朋友。是不是有的读者阅读本书之后，已经开启了通过开发新产品来实现创造新市场、创造更美好的社会的征程了呢!

如果本书能为带给大家新的起点,那我将无比荣幸!

那么,就让我们一起来创造未来吧!